书山有路勤为径，优质资源伴你行

注册世纪波学院会员，享精品图书增值服务

[英] 费格斯·奥康奈尔　著
（Fergus O'Connell）

楼政 梁楹 译

什么是项目管理

项目经理的第一本书

What You Need to Know about Project Management

電子工業出版社·

Publishing House of Electronics Industry

北京·BEIJING

What You Need to Know about Project Management by Fergus O'Connell

ISBN：9780857081315 / 0857081314

Copyright © 2011 Fergus O'Connell

Simplified Chinese translation edition copyright © 2020 by Publishing House of Electronics Industry.

All rights reserved. This translation published under license.

Copies of this book sold without a Wiley sticker on the cover are unauthorized and illegal.

本书简体中文字版经由 John Wiley & Sons, Inc. 授权电子工业出版社独家出版发行。未经书面许可，不得以任何方式抄袭、复制或节录本书中的任何内容。

本书封底贴有 Wiley 防伪标签，无标签者不得销售。

版权贸易合同登记号　图字：01-2020-2654

图书在版编目（CIP）数据

什么是项目管理:项目经理的第一本书 /（英）费格斯·奥康奈尔（Fergus O'Connell）著;楼政，梁楹译. —北京：电子工业出版社，2021.7

（项目管理核心资源库）

书名原文：What You Need to Know about Project Management

ISBN 978-7-121-41429-9

Ⅰ.①什… Ⅱ.①费… ②楼… ③梁… Ⅲ.①项目管理 Ⅳ.① F224.5

中国版本图书馆 CIP 数据核字（2021）第 121183 号

责任编辑：卢小雷　　　文字编辑：袁桂春

印　　刷：保定市中画美凯印刷有限公司

装　　订：保定市中画美凯印刷有限公司

出版发行：电子工业出版社

　　　　　北京市海淀区万寿路 173 信箱　　邮编：100036

开　　本：720×1000　　1/16　　印张：13.5　　字数：145 千字

版　　次：2021 年 7 月第 1 版

印　　次：2021 年 7 月第 1 次印刷

定　　价：68.00 元

凡所购买电子工业出版社图书有缺损问题，请向购买书店调换。若书店售缺，请与本社发行部联系，联系及邮购电话：（010）88254888，88258888。

质量投诉请发邮件至 zlts@phei.com.cn，盗版侵权举报请发邮件至 dbqq@phei.com.cn。

本书咨询联系方式：（010）88254199，sjb@phei.com.cn。

译者序

中国国际人才交流基金会（原国家外国专家局培训中心）于1999年将美国项目管理协会开发的项目管理方法[以《项目管理知识体系指南》(《PMBOK® 指南》)为基础]和项目管理专业人士认证（PMP®）引进中国。经过20多年的推广和传播，项目管理方法和项目管理专业人士认证在国内的企业和个人中越来越普及。尤其是最近几年，企业和个人对项目管理方法的重视程度陡增。我举几个实例进行佐证。

（1）我辅导的很多企业开始推行项目制。包括建立项目管理办公室，构建项目管理体系、流程和制度，采用项目型组织结构，培养项目经理和项目团队，实行项目经理负责制，制定项目绩效管理制度，通过项目来驱动企业发展和个人成长，用项目管理的专业方法来提升企业的项目管理成熟度，从而提高项目成功率，等等。不仅如此，一些企业在日常运营中也采用了项目化的管理方法来改善和提升运营效率，降低运营成本，提高客户满意度。

（2）我培养的4万多名项目管理专业人士受到了用人单位的

欢迎。这些学员的薪酬、待遇、职级都有了显著提升：有些学员在三年间连升三级；有些学员的薪酬增长数倍；还有些学员成功转型，进入了新兴行业。值得一提的是，有些学员在学完项目管理，进行创业时，由于有了风险管理意识和系统的管理方法，少了很多无谓的尝试，少交了很多学费，从而顺利达到了预期目标。

（3）在20年前，当我在图书馆查阅书籍时，项目管理方面的书寥寥无几，而且大多数都为译著。如今，项目管理方面的书不仅琳琅满目，而且国内专家的作品也越来越多了。

（4）一些大学开设了项目管理专业，给项目管理相关人士提供了接受继续教育、攻读项目管理硕士学位的机会。

（5）在我女儿读大学期间、求职阶段和工作生涯中，我有意培养她运用项目管理方法来完成任务、实现目标的能力。在大学里，她是能给同学带来价值的项目管理者。毕业后，她因项目管理能力突出顺利地被名企录用。事实上，她在工作和生活中都因项目管理方法而受益颇多。

（6）在我撰写本序时，恰逢国内公立小学一位校长谈及他在学校大力推行项目式学习的做法。虽然项目式学习和教育方式在西方国家的一些小学中并不鲜见，但在国内的小学中这是一个良好的开端，令人期待。

凡此种种，不一而足。这些实例都指向同一个事实，那就是，项目管理在中国正以燎原之势，从广度和深度迅猛发展着。

稍有遗憾的是，市面上大多数项目管理的书都较为专业，没有一定理论知识和实践基础的读者，阅读或学习都有些难度。前段时间，一位负责人力资源管理的朋友问我，有没有面向初学者的项目管理方面的书。电子工业出版社引进的这本书正好满足了她的需求，也填补了市场的空白。

从总体上说，这本书有着非常鲜明的特色，适合项目管理的初学者阅读和学习。

从内容上说，作者抓住了项目管理中的核心要点和关键成功因素，如设定项目目标、评估项目信息、了解资源供需状况、管理项目风险、管理相关方的期望、跟踪和报告项目状态。作者还介绍了多项目管理的简要方法，强调了工作和生活的平衡。

从谋篇布局上说，为了让读者读之有物，轻松愉悦，作者煞费苦心，精心设计了几个环节。"名人名言"以言简意赅的方式明确主题思想；"名人轶事"让读者了解生动的项目趣事；"画龙点睛"则对内容进行了提炼和总结；"推荐阅读"为意犹未尽的读者提供了更多的知识来源。

考虑到这本书的作者是项目管理的培训师和传播者，在翻译过程中，为了用相应的语言风格来体现作者的匠心，我与合译者梁楹花了很大功夫，力求传神达意。

事实上，我也在筹划写一本项目管理方面的具有实用性的通识读物，期望打造一本让非项目管理专业人士、大众读者甚至高中生都能看得懂、学得会并用得上的书。我希望这本项目管理通识读物更有中国特色，即更符合中国读者的阅读和学习习惯及应用场景。为了能给读者带来更多有价值的内容，请将你的需求或建议告诉我。建议被采纳者都将获得我的赠书。我的邮箱为1115330126@qq.com，微信和手机号码为18029169969，欢迎随时联系。

毋庸讳言，虽然我翻译了很多专业著作，也在不断总结经验，但水平仍然有限，纵然百密也有一疏。如果你对这本书的翻译有任何疑问、意见或建议，也欢迎随时与我联系。我衷心希望自己能为项目管理方法在中国的普及贡献绵薄之力！

感谢合译者梁楹的高效合作！她是一位怀抱梦想、充满活力的园丁。

感谢爱女楼俞希的参与和帮助！希望你继续精进！

最后，特别感谢广大读者、我的学员和友人！我的存在，只因有你！

楼政

2021 年 5 月于珠三角

前　言

如果你遇到以下 6 种情况，那么本书将使你受益匪浅。

- 你刚接手一个新项目。本书可以告诉你如何制订计划、执行计划，以及成功地完成项目。

- 你的上司把你叫进办公室，给了你一沓文件，并交给你一个看上去不错的项目（实际上，该项目是一个烫手山芋）。他还告诉你这个项目年底就得完成，并且预算已经做好了，也没有其他人手。本书可以告诉你下一步该怎么做。根据下一步行动，你可以马上判断该项目是否可行。

- 你遭遇了各种延误和突发事件，正在四处"救火"，希望用一种更好的方式来完成工作。

- 你接手了一个看起来不太可能完成（甚至根本就不可能完成）的项目。

- 你是一名经验丰富的项目经理。本书包含了使项目成功的所有关键点。有些关键点你可能已经忘记，或者没有意识到这些关键点在一些更大的环境中的重要性，本书可以帮你温故知新。

● 你可能经历过这样的事——某人对你说："有件事情需要你做，只需要两小时左右。"结果，两年过去了，你还在处理这件事。如果你经历过这样的事，那么你一定要阅读本书。

本书共八章，包含了你需要知道的有关项目管理的所有内容。

第一章：设定项目目标

第二章：评估项目信息

第三章：了解资源供需状况

第四章：管理项目风险

第五章：管理相关方的期望

第六章：跟踪和报告项目状态

第七章：多项目管理

第八章：平衡工作和生活

其中，前六章包含了你需要知道的从项目开始到项目结束的所有内容，你可以按顺序阅读。在前六章中，我将一步一步地指导你，并告诉你如何做。当把前六章内容吃透后，你可以继续阅读第七章和第八章。在第七章，我将告诉你如何同时管理多个项目。在第八章，我将反驳"项目经理应该全年无休地完成项目"这一常见观点，并告诉你成功的项目经理应该拥有自己的生活。

本书的每章都遵循相同的结构。每章都会告诉你该做什么，以及为什么要这样做。此外，本书还包含一些非常重要的栏目，具体如下。

- 本章主要内容。每章开篇都配有简短的概述，内容包含了该章的关键信息。

- 名人轶事。本栏目列举了在项目管理领域你应该知道的一些关键人物。这些关键人物大多是给项目管理制定规则的人或非常成功的项目经理，你可以从他们身上学到很多东西。

- 名人名言。一些名人说过的话可以提醒你，带给你启发，或者博你一笑。

- 如何做。本栏目提供关键的实操技巧和示例。这些实操技巧能帮助你使用具体的工具和技术。

- 推荐阅读。本栏目推荐了3~5种可用于深入学习的书籍或线上读物。

- 画龙点睛。在每章的最后，我都用一句话总结了全章的内容。

由于我在本书中花了大量篇幅来讨论"项目"，因此，我将先定义一下什么是"项目"。另外，本书也会涉及一些与项目相关的术语，如"项目集""项目集管理"等。

项目管理协会（Project Management Institute, PMI）推出的《项目管理知识体系指南》定义了"项目"和"项目管理"。但在实际运用中，根据实际情况的不同，人们对项目的定义有很大的差异，从月末的盘点到处理客户需求，这都可以被定义为项目。

以我的个人经验来看，任何事情都可以成为一个项目，不论其规模大小、项目团队的人员多少（可能是上千人的团队，也可能只有你一人），也不论在工作内还是工作外，本书涵盖的内容可以帮助你成功地管理任何事情。

在项目管理之旅中，你可能遇到"项目集管理"。那么，什么是项目集呢？项目集可以是一个超大型的项目，你可以将其理解为要完成的一系列有关联的项目。项目集管理就是管理这样一个"庞然大物"。

因此，有关项目、项目集的定义总结如下。

- 任何事情都可以是项目。
- 一个任务就是一个小项目，一个项目就是一个大任务。
- 一个项目集就是一系列项目。例如，筹办奥运会就是一个
  项目集，它可以是一个大型项目，也可以是一个大任务。

项目管理就是为了交付项目成果，包括"规划（尤其关注估算）—实施—确保成功"。项目管理可以用在所有事情上。

当然，这个定义听起来可能还不够清晰，但它的好处很明确，那就是你在本书中学到的知识可以被广泛地应用在各种各样（无限的）的问题和情景中。

出色的项目管理并不只是画甘特图或找出"关键路径"，而是要关注具体的行为。有些行为可以让你顺利完成项目，有些行为却会让你陷入困境。本书会告诉你哪些行为可以帮助你成功完成项目，更重要的是帮助你实际应用这些好的做法。

改变行为是很难的，这一点不说你也清楚。如果你戒过烟、节过食、试过长跑或其他的行为改变，你就知道改变有多难了。

改变很难，但保持习惯很容易。过去 20 多年，我一直在教授别人如何养成好的习惯。本书包含了这些年来我学到的所有知识。

如果按照本书内容去做，那么你可以获得以下收益。

- 项目的成功率会大大提升。
- 项目会在最短时间内以最少的预算完成。
- 项目不会出现太多紧急情况，也不会有太多令人不快的意外。你可以因此节约很多宝贵的时间。
- 你可以很有信心地做出关于项目预算和项目完成日期的承诺，并且实现这些承诺。
- 你能获得一个持续交付项目成果的好名声。
- 你能实现工作和生活的平衡。

如果以上这些对你很有吸引力，那么就请翻开下一页吧！

目 录

第一章　设定项目目标　/ 001

项目管理中的关键问题　/ 002

锦囊妙计　/ 004

设定清晰的项目目标　/ 005

控制项目目标的变更　/ 008

使相关方的成功因素最大化　/ 013

成功项目的定义　/ 015

SMART 原则　/ 015

设定目标会让你有动力去做项目　/ 017

设定项目目标的时机　/ 018

第二章　评估项目信息　/ 024

为项目目标制订计划　/ 025

如何预测未来　/ 025

持续时间和工作量　/ 030

预算　/ 032

假设　/ 033

甘特图　/ 036

一些非常实用的评估方法　/ 038

关键路径　/ 041

计算管理项目所需的工作量　/ 044

项目管理方法论　/ 047

项目管理工具　/ 050

第三章　了解资源供需状况　/ 054

项目管理是关于供需的学问　/ 055

每项工作都必须有人做　/ 057

可得性低是项目的隐秘杀手　/ 060

让团队扬长避短　/ 066

评估成果　/ 071

第四章　管理项目风险　/ 077

应急措施与风险分析　/ 078

为什么要制定应急措施　/ 081

应急措施：如何制定、制定数量及制定方法　/ 082

风险分析　/ 090

测算成功概率指标　/ 094

成功概率指标中分数的含义 / 098

第五章 管理相关方的期望 / 103

向相关方做出承诺 / 104

提出多个方案 / 106

基于事实进行谈判 / 111

如何应对"不可能完成的任务" / 113

当你接受"不可能完成的任务"之后 / 115

压缩项目进度的技巧 / 120

第六章 跟踪和报告项目状态 / 141

运用计划驱动项目实施 / 142

管理人员 / 143

运用不同的管理风格 / 144

处理问题员工和棘手情况 / 147

项目经理的日常工作 / 149

如何编制状态报告 / 156

项目经验教训总结 / 160

项目失败的 12 个最常见原因 / 163

拯救项目 / 165

第七章　多项目管理　/ 168

项目管理的永恒法则　/ 169

排序　/ 172

定义多项目　/ 173

管理多项目时遇到的问题　/ 174

项目经理职业　/ 179

优秀项目经理需要具备的能力　/ 181

第八章　平衡工作和生活　/ 183

为什么要平衡工作和生活　/ 184

为什么做好时间管理还不够　/ 188

终极时间管理　/ 190

平衡工作和生活的秘诀　/ 191

第一章

设定项目目标

本章主要内容

- ▶ 项目管理中的关键问题

- ▶ 锦囊妙计

- ▶ 设定清晰的项目目标

- ▶ 控制项目目标的变更

- ▶ 使相关方的成功因素最大化

- ▶ 成功项目的定义

- ▶ SMART 原则

- ▶ 设定目标会让你有动力去做项目

- ▶ 设定项目目标的时机

项目管理中的关键问题

为什么我们看到、读到或参与的项目，很多都失败了呢？根据我的经验，首要原因是这些项目从一开始就不可能实现。其实，项目管理是世界上最有挑战性的工作。这是因为在项目管理中，我们要先对未来做出预测（计划），然后力求将计划变成事实（执行计划）。而事实是，很多人都无法做到这一点。

除此之外，我们还经常会被要求以一种非常奇怪的方式预测这些项目。想象一下，如果你的车出了故障，你把它送到汽车修理厂，然后对维修工说："我不知道我的车怎么了，但是我需要你在接下来的半小时内修好它，我会支付给你500元修理费。"这样说会有点奇怪。但是想象一下，如果维修工直接回答"好"，那就更奇怪了。半小时后，你付了他500元，把车开走，这时你会好奇他对你的车做了什么，甚至怀疑他到底有没有修理你的车。当然，在现实中，汽车修理厂几乎不可能出现这种情况。

可是，在我们接手项目时，这样的对话几乎是家常便饭。你可能听过这样的话："我不太了解这个项目，但你必须在这个预算之内按时完成，而且你不能再雇更多人了，祝你好运！"

要知道，当接手一个项目时，你实际上是接手了两件事。一是项目本身，如筹办奥运会，二是伴随而来的制约因素，具体如下。

- 必须在某个日期之前完成。

- 必须在一定预算内完成。

- 利用某些特定资源。

- 项目范围已经确定。

- 以上几种制约因素的组合。

如果你试图在种种制约因素下管理项目，就会给自己带来很多麻烦。因为当考虑一个项目时，你要考虑所有必须做的事情和必须花费的时间。但是由于制约因素的限制，你没有时间考虑这些。例如，你可能认为需要四五个人甚至六个人来完成这个项目，但其他制约因素会告诉你，多一个人都没有。

本书将讨论项目失败的原因。正如我之前说的，项目失败的首要原因是：这些项目从一开始就不可能实现。想象一下这个场景，项目发起人说："这是项目，这是制约因素。"然后接手的人说："好，没问题。"因此，当接手一个项目时，你需要一个"锦囊妙计"。

锦囊妙计

当有人交给你一个项目时，切忌一开始就说"好，没问题"，而要说"让我看看"。例如，有人找你说："给（你资料），他们现在需要一个答复。"你应该说："让我看看。"有人在开会的时候火急火燎，敲着桌子说："我现在就要知道。"你应该说："让我看看。请给我一些时间，看完之后我才能回复你。"有人说："老板需要在今天下午四点之前得到答复。"你应该说："我得先看看。"

当你接手一个项目时，这是唯一合理且明智的回答。

这样的情况随时发生在大多数日常交易、各行各业和专业领域中。当你将汽车开到汽车修理厂并说"我不知道我的汽车怎么了……"时，维修工不会说"我能修好"，他会说"我先看看"。他也是那样做的，他会打开汽车的引擎盖或到车底去检查，然后告诉你他能做什么，不能做什么。他也会对你说："老兄，你有三种选择。第一，可以购买经过翻新的发动机；第二，可以购买全新的发动机；第三，可以和销售人员讨论购买新车的相关事宜，然后你需要做出选择。"

在大多数日常交易、各行各业和专业领域中，先提出多个方案，然后制订行动计划，这才是标准的做法，也是正确的做法。同样，在项目中我们也是这么做的。

名人名言

如果你不知道要驶向哪个港口，那么哪个风向的风对你来说都是无用的。

——塞涅卡（Seneca）

一旦你说了"让我看看"，就意味着你可以在尝试了解项目的全部内容时放下制约因素。然后，你要做的第一件事就是弄清项目目标。你必须处理好三个问题，如果没有处理好，它们就会成为所有项目的"杀手"。

设定清晰的项目目标

你必须给项目设置边界。然后，你需要澄清边界内的事项是项目的一部分，边界外的事项则不是。你也许听过"范围内"（在边界内）和"范围外"（在边界外）这些字眼，就是这个意思。

- 范围内：该项目将做哪些事项，会带来哪些益处，具有哪些功能，交付哪些成果。
- 范围外：该项目将不做哪些事项。它们是其他项目、计划或系统的一部分，不在你考虑的范围内。

如果你成功解决了范围边界问题，你要处理的问题范围就像下面这个方框——边界清晰。

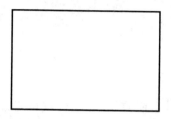

如果你无法解决范围边界问题，你要处理的问题范围就会扩散得像一朵模糊的云团——看不到边界。

我们根本无法完成边界模糊的项目，原因是我们不知道何为"完成"。有了明确的（规划好的）目标，就像盒子中的物品被摆放得整整齐齐。当完成所有这些事项后，项目也就完成了。如果边界范围像模糊的云团，那么接下来会发生什么呢？

团队说："交付的成果是这样的。"

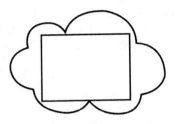

你的上司会说："我要的成果是这样的。"

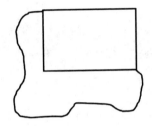

而客户会说："我以为我们会得到这样的成果。"

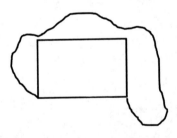

这些期望落差会造成很多不满。

存在这种问题的项目随处可见。电影《未来水世界》（*Waterworld*）拍摄项目的初始预算为1亿美元，但最终成本翻了一番。在拍摄过程中剧本被重写（这就是项目目标定义模糊）。

还有一个例子就是著名的伦敦证券交易所 TAURUS 项目，该项目已成为研究项目失败的经典案例。TAURUS 是伦敦证券交易所的一个 IT 项目，旨在实现无纸化交易和计算机化持股。该项目的主要目的是降低成本和缩短股票交易所需时间。该项目开始于 20 世纪 80 年代中期，最终于 1993 年被取消，耗资约 8 亿英镑。其失败的主要原因是项目范围（目标）一直未明确，在项目的整个生命周期中，项目范围一直在不断蔓延。

在该项目被取消并饱受谴责后，伦敦证券交易所发布了一份简单的声明，讲述了这个故事："我们正在对系统的一部分进行测试，而其他部分尚未被设计或开发。"目标太模糊了？是的，你说对了！

因此，你的项目目标必须清晰。我们要的是范围边界清晰的方框，而不是边界模糊的云团。

控制项目目标的变更

假设你成功实现了目标，然后启动了项目。接下来又会发生什么呢？好吧，接下来发生的事情就是变更。这是他们本应告诉你却没有告诉你的事情，也是你本应看到却错过的事情。业务或监管环境的变化，比如说你的竞争对手所做的事情，让你不得不做出回应。

毫无疑问，有变更很正常。毕竟，在 21 世纪，"变更"一词已经成为陈词滥调。因此，我们不得不适应变更——只要它是可控的。但你不能让变更以不可控的方式发生。

"让变更以不可控的方式发生"是项目经理犯的另一个大错误。他们认为，由于他们对项目范围（方框中的某些内容）、计划、预算、进度、期限和资源做出了承诺，因此即使项目范围发生了变更，这些内容也必须保持不变。下面用一个简单的例子来说明这个想法有多么荒谬。

假设你要做的项目是"制作一个盛水的容器"。经过与客户讨论，你了解到他们想要的是容器——圆柱形，玻璃材质，符合一定的高度和直径等。好了，你开始启动这个项目。事实上，项目刚刚启动，客户就说之前所说的容器并不是他们真正想要的，他们真正想要的是一个水壶。虽然水壶也是盛水的容器，但比玻璃杯更为复杂。制作一个水壶的计划、预算、进度、期限和资源完全不同于制作一个玻璃杯。如果你不相信这一点，那就思考一下这个情景：游泳池也是盛水的容器，但制造玻璃杯的计划完全不同于建造游泳池的计划！但是许多项目经理陷入了这样一种思维陷阱：因为他们承诺要制造"达到玻璃杯"的特定目标，因此必须赋予游泳池相同的目标。如果你了解玻璃杯和游泳池之间有多大差异，你就会发现这种想法是多么荒谬。

因此，我们会产生疑问："项目经理怎么会如此愚蠢？""以往聪明且受过教育的人怎么会干出这种蠢事来呢？"原因是"客户永远是对的"。的确，客户就是上帝（客户永远是正确的）。我们项目的客户可以通过他们想要的任意方式变更想法。但是，每当他们变更想法时，总会伴随着一些代价。这些代价包括时间、金钱和其他资源的浪费，为了控制这些变更，我们得告诉他们这些代价。有些代价或许无足轻重，比如说，他们希望这种玻璃杯的直径再加大两毫米，那么我们完全可以接受。但是有些代价很大。比如前文所举的例子："我们要的不是一个杯子，而是一个游泳池！"这一变更伴随的代价是非常大的。因此，我们必须把变更代价告诉客户。

因此，当项目发生变更时，你要知道该做什么，因为变更总会发生。你要有能力亲自应对一些变更，而不是去麻烦你的客户。但是对于某些变更，你必须找到变更的发起人。你需要做出正确的选择。你需要清楚在什么时间做什么事。

变更控制——从另一个角度看待变更

如果你的项目发生了变更，这种变更可能是像"查理今天病了"一样的小型变更，也可能是像"我们要的不是一个杯子，而是一个游泳池"一样的大型变更。下面介绍 3 种可行方案，可以帮你应对这些变更。

确认大型变更

首先你要确认的是变更的确很大。复杂的变更是指"对项目范围的变更"，或者"变更控制事件"。有些变更要求我们做那些与我们最初做的事情截然相反的事情。

采取应急措施

当然，也有很多变更不是大型变更，而是出现了一些小差错，如查理今天生病了、服务器宕机了、供应商出问题了，或者原本简单的事情变得复杂了，许多小事情都会让我们面临考验。为了应对这些变更，我们必须在计划里制定应急措施。以下这段话也许会派上用场，请把这段话作为项目经理的法宝。

做项目时会发生无法预料的事情。

它们大多数是糟糕的意外。

有时，我很幸运——这只是个小问题。

但大多数时候它们都是出人意料的坏事。

因此，我需要在计划里制定应急措施。

是的，你需要在计划里制定应急措施！

忍受

如果遇到大型变更，你也许没有勇气把它告诉给客户。如果你的计划中没有应急措施（要么是你从来没有制定过，要么是你制定了却被一些自以为是的人取消了），那么这里就只有一种应对变更的方法。说白了，那就是忍受！忍受意味着晚上加班、周末加班、把工作带回家去做，和你的另一半说你今晚不会回家或做项目期间不能休假，等等。

我们需要清楚的是，忍受本身并没有什么不对。如果你认为项目管理就是预测未来，那么你的确不得不偶尔要忍受一下，如截止日期前的赶工、遇到转折点、处理客户问题，这么做没有什么大问题。但是，如果每当发生变更时，你所能做的都仅仅是忍受的话，那么这就是个大问题。

当你在一个运行良好的项目中遇到大型变更时，你可能不得不采取应急措施，可能不得不忍受。没问题，这还是一个良好的项目。而糟糕的项目是指用忍受的方法应对每次变更。大多数人都做过这样的项目，这是很痛苦的。

名人名言

以终为始。

——史蒂芬·柯维（Stephen Covey）

使相关方的成功因素最大化

假设你已经脱离了目标。你知道你必须控制变更，也就是说，当发生变更时，你要从三种可行方案中做出正确的选择。设定目标时，你必须做的第三件也是最后一件事是，将相关方的成功因素最大化。这听起来毫无意义，但在实践中很有用。

相关方指的是在项目中有重大利益关系的人。更确切地说，相关方是指受项目影响的个人或团体。例如，某个人、某群人可以是相关方，客户、管理行业的组织也可以是相关方。通常来说，一些相关方比其他相关方更重要。例如，你会把你的老板当作比供应商更重要的相关方。

我们一般会想到一些常见的相关方，如"我""我的团队""我的老板""我的客户"。如果用发散性思维考虑得更深入一些，我们还可以想到其他相关方，如组织中其他部门的人或其他组织的人。对于相关方，需要确认的一个问题是：他们会受到项目的影响吗？如果答案是"会"，不管以哪种方式，也无论影响是积极的还是消极的，那么他们就是项目的相关方。

你还会遇到一个特殊的相关方，那就是"项目发起人"。项目发起人通常是组织里非常资深的人，他们：(1)能看到项目需求；(2)对商业成功负责。在大多数情况下，项目发起人不是项目经理。

同时，需要注意的是，项目的大小和相关方的数量没有关系。小型项目可能有许多相关方，大型项目可能只有几个相关方。

每个相关方都有成功因素。在特定相关方眼里，成功因素就是项目成功的结果。通常，不同的相关方有不同的成功因素。成功因素往往会相向而行。例如，如果我是老板，给一群人定了不切实际的截止日期，那么我的成功因素之一可能就是这群人拖到最后期限。如果我是团队成员，在过去一年里，我一直都在疲惫地加班，那么我的成功因素也许是只想每天工作八小时，一周休息两天。同时，因为一些相关方比其他相关方更重要，所以我们往往把某些成功因素看得比其他成功因素更重要。

最后，考虑到不同的相关方有不同的成功因素，将相关方的成功因素最大化意味着能够想出一组综合的、会让所有人感到开心的成功因素。这就是项目成功的关键。

成功项目的定义

什么是成功项目？简单地说，成功项目就是其成果让相关方满意的项目。你告诉相关方他们将从项目中得到什么，然后给他们想要的。这个说法听上去很简单。但当你把它作为"对未来的预测并努力去实现"时，你就会发现它实际上是一项艰巨的任务。

但这就是相关方想要的。显而易见，如果你希望让相关方满意，那么第一个问题是："你做什么将使他们感到满意？"你必须给出答案。你如何才能做到这些事？去问问你的相关方。不要假装自己知道，你应该先亲自尝试一下，然后与相关方确认，再让他们签字或书面确认。

这就是设定目标。这是在项目中要做的最重要的一件事。如果你想让自己的项目获得成功，就要找出那些受项目影响的人，了解他们想从项目中得到什么，这么做很有必要。

SMART原则

当设定项目目标时，你要遵循 SMART 原则。

- 具体（Specific）。具体是指目标明确而不模糊。例如，"学习一种乐器"是模糊的目标，而"学习弹吉他"则是清晰明确的目标。

- 可测量（Measurable）。目标无论能否实现，都应该能够被测量。例如，"学习弹吉他"这一目标不能真正地被测量，而"第一次在观众面前演奏吉他，并获得回报"这一目标可以被测量。

- 可实现（Achievable）。与一些不切实际的想法不同，目标应该是可以实现的。例如，如果你设定的目标是"每天练三小时吉他"，但是你有一份全职工作，还要照顾自己的家庭，并且正在翻新房子，那么这个目标就可能无法实现。"每晚练一小时吉他"这一目标也许能够实现。

- 现实（Realistic）。目标应该具备现实意义。例如，"在一年之内成为一个像约翰·威廉姆斯一样的吉他手"这一目标毫不现实，而"一年内在观众面前演奏吉他"这一目标就很现实。

- 时限性（Time-bound）。目标要有时限性，即设定完成日期。例如，"在观众面前演奏吉他"这一目标没有时限性，而"一年内在观众面前演奏吉他"这一目标才有时限性。

名人名言

最后的几秒似乎没有尽头。我在拼命奔跑时看到的前面那条细细的终点线就像一个温暖的避风港……如果我支撑不住，没有人愿意接住我，整个世界都会变成一个寒冷而令人生畏的地方。

——罗杰·班尼斯特（Roger Bannister）

设定目标会让你有动力去做项目

在某种程度上，设定目标最重要的作用是它给你提供了完成项目的动力。设定目标是描绘项目结束后的景象的过程。当这一景象在你的脑海中变得越来越清晰时，你的内心会越来越坚定。如果你把这个目标告诉团队，那么它就会给所有人带来前进的动力。在项目中，我们几乎总要经历非常时期。目标蓝图就是"愿景"，它有助于你度过那些非常时期。

设定项目目标的时机

当谈及设定目标时，要问的最后一个问题是：什么时候设定目标？或者换一种问法：在你把某件事当作一个项目时，这件事有多大？

你可能有过以下经历。有人说："这应该很容易。"或者"你能快点做完这件事吗？"然而两年过去了，事情仍然没有结果，因为实际上这件事比建造阿斯旺大坝还要庞大。因此，对于人们向你提出的任何一个要求，你都应该考虑它的规模。

先说"让我看看"，然后制定项目目标,相关步骤在本章的"如何做"栏目有简短的描述。如果你发现只是小事一桩，那就太好了。不过通常你会发现，如果一开始没有按照前文所述的方法来制订计划，那么你就可能忽略了一些复杂的情况。如果制订了计划，你就能给自己省去很多麻烦，这可是件大好事。

名人轶事

世界上第一位项目经理

世界上第一位项目经理可能是我们穴居人祖先当中的一人。随着冬天的到来，一天，这位项目经理和同伴们一起去猎杀一头猛犸象（我们谈论的是大约 15 万年前的事情）。晚上，他们围坐在火堆旁制订了捕猎计划。项目经理将团队召集在一起（让团队参与计划永远是一个明智之举）。他们一致断定，要猎杀一头猛犸象，必须使用棍棒和长矛之类的武器。发现猛犸象以后，他们中的一些人必须把它赶到某个悬崖边或死路里，另一些人守候在那里等着猎杀它。有人提议，或许他们可以挖一个陷阱，用树叶和树枝覆盖陷阱，让猛犸象掉入陷阱。大家评估了可以完成此项任务的其他方法。最终，他们选择了挖陷阱然后用枯枝落叶覆盖陷阱。第二天早上，他们出发了。他们找到了一群猛犸象并在附近一个合适的地点挖了陷阱。陷阱被适当伪装后，他们开始驱赶猛犸象靠近陷阱。最后，一头猛犸象掉入陷阱，被猎人们用长矛和棍棒杀死了。那么问题来了：如何把重达九吨的猛犸象从陷阱中移出来？怎样才能把那么多的肉、毛皮和骨头运回洞穴呢？

最终，世界上第一个项目失败了。它失败在未能明确项目目标，在本例中，项目目标是"为过冬获得食物"，而不是"杀死猛犸象"。目标不正确是世界上最大的项目"杀手"之一。

如何做

设定项目目标

设定项目目标，需要按以下步骤开展。

1. 说"让我看看"。

2．考虑制约因素。

3．回答以下问题："我如何得知该项目的结束时间？""哪个时间点标志着该项目结束？""标志着项目结束的最终事件是什么？"这些问题的答案会告诉你项目目标是什么。

4．列出所有相关方。对于每个相关方,写下他们的成功因素,即写下他们认为成功的项目。

5．一些组织拥有用于启动项目的文档。其中，最常见的两个是项目章程和项目启动文件。执行以上这些步骤将为你提供编写这些文档所需的所有基本信息。

》 示例

设想一下，你的上司要求你为某个特定人群"登一则招聘广告"。他说需要在月底完成［制约因素］。

这个项目什么时候结束？这个问题并不像看上去的那么简单，因为项目目标的措辞通常非常模糊。当广告刊登在报纸上以后，这个项目就结束了吗？当你收到求职者的简历以后，这个项目就结束了吗？当你面试了某些人以后，这个项目就结束了吗？当你雇用了某人或采取了其他什么行动以后，这个项目就结束了吗？所有这些都可能是该项目的有效结果。你需要和你的上司阐明这些问题，明确该项目的可交付成果是否只是投放广告。

相关方对成功因素的定义如下所示。

相关方	成功因素
我们	投放一则能很好地反映公司正面形象且不会引起不适的广告。它还应该清楚地说明为什么公司提供的工作会如此吸引人，以至于让人觉得不申请很可惜
上司	这则广告传达了公司的正面信息
现有员工	不会让任何人感到不安——仅使用面向公众的材料，要传递出一则信息：这家公司就是人们想要加入的
潜在员工	传递出一则信息：这家公司就是我想要加入的
客户	传递出一则信息：公司正在扩大规模，这是一家值得合作的好公司

至此，你已经知道了所有有关该项目的关键信息：谁是相关方，什么能使他们感到高兴，什么在项目范围内，以及什么才算项目的结束。

名人名言

如果你不知道自己将去往何处，则必将漂至他乡。
——劳伦斯·彼得·尤吉·贝拉（Lawrence Peter 'Yogi' Berra）

推荐阅读

▶ PMI 是世界上项目管理影响力最大的组织机构,其在《项目管理知识体系指南》中提供了"项目章程"和"项目文件"模板。

▶ 英国项目管理协会是总部设在英国的一个组织,其宗旨是"促进项目和项目管理专业学科的发展,实现公共利益"。

▶ 弗雷德里克·布鲁克斯(Frederick P. Brookes)的《人月神话》(*The Mythical Man-Month：Essays on Software Engineering*)是经典的项目管理著作之一。尽管本书写于多年前,但其中的许多经验到现在一样有借鉴价值。

▶ 汤姆·迪马可(Tom DeMarco)的小说《最后期限》(*The Deadline:A Novel About Project Management*)也非常不错。作为项目管理方面的读物,它提供了丰富的经验总结和独到的见解。

▶ 罗兰·亨特福德(Roland Huntford)的《地球尽头》(*The Last Place on Earth*)也值得一读。即使你对旅行或探险不感兴趣,也要看看这本书。这本书讲述了两个不同的团队完成同一个项目,结果却截然不同。

> **▶ 画龙点睛**
>
> 当有人交给你一个项目并且附有最后期限时，唯一明智的回答是："让我看看。"

第二章

评估项目信息

本章主要内容

▶ 为项目目标制订计划

▶ 如何预测未来

▶ 持续时间和工作量

▶ 预算

▶ 假设

▶ 甘特图

▶ 一些非常实用的评估方法

▶ 关键路径

▶ 计算管理项目所需的工作量

▶ 项目管理方法论

▶ 项目管理工具

为项目目标制订计划

在确定了项目目标之后，接下来要做的就是制订计划。计划是对未来几天、几周和几个月打算做的事情的描述。换句话说，计划是对未来的预测。鉴于没有人能够真正做到这一点，那么你又如何获得成功的机会？请接着往下看。

名人名言

没有计划的目标只是一个愿望。

——安东尼·圣艾修伯里（Antoine de Saint-Exupery）

如何预测未来

下面是一个练习。在名为"审查文件"的项目中有一项任务。现在让你邀请一群人来估算项目时间，你会怎么做？你可能问以下问题。

- 文件有多大？
- 有多少人参与审查？
- 是什么样的审查？
- 如何定义"审查"？是由一个人审查,还是由一群人审查？

- 仅仅是审查，还是包括文件更新？
- 是第二次审查吗？或者"审查文件"是否意味着多次审查和更新周期？

以上这些问题的答案可以为你提供有关该任务的更多详细信息，从而帮助你更好地估算时间。

名人轶事

维特鲁威是古罗马建筑师和工程师，也是《建筑十书》(*The Ten Books on Architecture*)的作者。本书实际上是在对以维特鲁威为代表的成千上万名古罗马人表示敬意，他们在罗马共和国和后罗马帝国时期设计、管理和建造了渡槽、寺庙、围墙、公共建筑、房屋、城镇、道路、城市和竞技场。

这里仅以古罗马人的项目管理能力为例。如果有机会的话，建议你去参观位于法国尼姆市附近的杜加德桥。该桥是一条长达50千米的渡槽的一部分，该渡槽把水运往古罗马的尼姆萨斯市（现在称为尼姆市）。渡槽每50千米下沉12米，坡度约为1:4 000（是的，你没看错）。要知道，杜加德桥建于约2 000年前，完全没有使用砂浆。修建渡槽的一些石头重达6吨，在经过切割后精准地贴合在一起，因此无须使用砂浆。听上去不可思议吧？

这会带来什么结果呢？这么说吧，如果一群人这样做，在最终的估算结果中，最高值和最低值之间会相差100倍。

这意味着什么？是否意味着你不是一个很好的评估者，并且你应该考虑放弃项目管理，做其他事情？不是！完全不是！这意味着预测未来是非常困难的，你的预测永远都不可能百分百正确。你所希望的最好的结果是，你能够使误差尽可能小。细节是执行此操作的关键之一。

另一个关键是查看先前项目中发生的情况，并提出一个至关重要的问题："最近我们在项目中执行了 X 次此任务，还需要再次执行吗？"

查看先前项目中发生的情况并在计划中包含大量详细信息是你需要做的两件事，这样可以使估算误差尽可能小，从而对项目时间进行良好的评估。

查看先前项目中发生了什么

理想情况下，组织所有开展过的项目都会有记录。当有人开始一个新项目时，可以简单地查阅这些记录，并从先前的项目中学习。

然而，在实践中，对大多数组织而言，这样的记录要么根本不存在，要么记录得非常不完整（如果存在的话）。第六章将讲述如何创建这些属于你的记录。在提高评估能力方面，没有什么比过去的记录更有价值了，而在向相关方"推销"你的计划方面更是如此。

名人名言

魔鬼就隐藏在细节里。

——法国作家古斯塔夫·弗劳伯特（Gustave
Flaubert）和米开朗基罗（Michelangelo）等

计划中的细节

要想把所有的事情都做完，就得一步一步地做。无论是像做饭一样的小事，还是像筹办世界杯这样的大事，都有一系列工作要做。一些人做某事，另一些人做其他的事，直到完成整件大事。如果你是管理项目的项目经理，则要将所有要做的事排好序，把这些工作连接在一起，环环相扣地完成。这些事构成了你在计划中必须考虑的细节。人们经常使用以下 3 种方式把细节放入计划，你可以自己判断它们的好坏。

方式 1：什么也不做

什么也不做——让命运或运气来安排！下面是一个在项目管理中如此行事的例子。查理早上到达办公室，问自己："嗯，今天我该做什么？"接着，他开始做事。突然他意识到自己需要别人的帮助，于是他在走廊上踱着步说："嗨，弗雷德，你手头上有事在忙吗？"弗雷德说他要到星期五才有空，查理耸耸肩和他聊了些其他的事。然后这个项目就停了下来。

显然，没有人会有意识地这样做——故意让命运或运气来安排他们的项目。但是，在你的组织中就有一些项目的管理方式与此完全相同。人们这样管理项目的原因通常是无知或不称职，他们没有足够的时间来管理项目。如果一个人太忙，要同时处理很多事情，那就没有时间管理项目，只好让命运或运气来接管了。但你需要记住，命运和运气是最糟糕的"项目管理者"。

方式 2：实时进行

实时进行的例子如下。你早上到达办公室，查看待办事项清单。你开始做清单上的第一件事，但随后有人提醒你要参加 9:30 的会议。会议期间，有人敲门进来说："我能和你聊一分钟吗？"与他谈话时，你的手机响了，你开始接听电话。然后，你收到了电子邮件，电脑发出"叮"的声音。然后，你的座机响了……你忽然意识到一点：你整天都在不停地切换，你要去这里，要去那里，要做这件事，要和某个人说话。你一定知道"灭火"这个词。

"灭火"是一个术语，用于描述危机或突发事件的处理。"火灾"是出乎意料的事情，你必须处理它。

当然，项目中也会发生"火灾"。不论计划有多么严谨，你都可能要去"灭火"。但是，并非项目中发生的一切都是"火灾"。

如果经过认真思考，你就会发现，项目中发生的许多事情都是可以预见的。"灭火"这个令人不开心的做法，当然不是运行项目的好方法。

方式 3：提前排序

提前排序即从一开始就为各种事情排序，在你对相关方做出任何承诺之前，在开始雇用人员、分配工作或使用预算之前，你应尽可能多地对事情进行排序。"灭火"行动仍会进行，但是你可以省下精力去处理真正需要"灭火"的事情，而不是那些只要你事前仔细考虑就可以避免且永远不会变成"火灾"的事情。

持续时间和工作量

在评估业务之前，需要考虑"持续时间"和"工作量"两个概念之间的差异。弄清二者之间的区别非常重要。

持续时间（有时也称经历时间）就是完成某事所需的时间。常用的时间单位有小时、天和月等。例如，一场足球比赛的持续时间为 90 分钟。了解持续时间很重要，因为它能使你弄清一项具体工作或整个项目所需的时间。如果你估算出了项目中所有单项工作的持续时间，弄清了在开始哪些工作之前必须先完成哪些工作，你就可以弄清楚整个项目的持续时间。

但是，如果你想知道项目有多大，或者需要多少人来完成，或者需要花多少钱，仅仅知道持续时间是不够的。

在这种情况下，你需要知道的是工作量，有时也称"投入量"。这是你必须做的事情。工作量单位为人时、人天、人月和人年。例如，在一场足球比赛中，如果计算各由 11 人组成的两支球队、1 名主裁判、2 名边裁和 1 名官员的工作量，就应该是 26 乘以 90 分钟，即 2 340 人分钟，除以 60 后得出 39 人时。

有时，持续时间与工作量之间存在联系，如在上述的足球比赛示例中，持续时间与工作量之间就存在联系。有时二者之间则没有联系。例如，安排某人评审一个文件，他需要在一周内完成该工作。具体的评审工作可能只需要 1 人时，持续时间却是 1 周。

此外，只有了解了工作量（而不是持续时间）才能帮助你制定预算。如果你知道某人的人时或人天费率，即每人时的价格或每人天的价格，那么你就可以弄清楚具体工作将需要多少成本。下面让我们来看看预算。

预算

以下是你需要了解的一些内容。计划中的每项工作都会有对应的成本。成本可以通过以下 3 种方式来计算。

- 人工费。一项工作的成本是工作量（如人时或人天）乘以人时费率或人天费率（视情况而定）。你可以从财务人员那里获得人时或人天费率。如果他们无法给你，那不妨自己来算算。通常假设人工费是日薪的两到三倍（后文会有更多关于假设的内容）。

- 人工费加其他成本。一项工作的成本是人工费（如前所述）加上其他成本，如差旅费、住宿费、设备费、软件费和原材料费等，你如何估算这些成本？有 3 种方法：要求供应商提供、上网查、做假设。

- 分包合同。你支付一笔费用给供应商,让他完成某项工作。通常，在这种情况下，你不必担心供应商将投入多少精力去完成工作，因为他们会按合同办事。你应该关心的是这项工作需要花费多长时间，即工作的持续时间及实际完成的时间。将每项工作的预算添加到整个项目的预算中，总的预算就出来了。就这么简单！

名人名言

布莱克德：鲍德里克，你看，为了防止发生战争，他们形成了两个超级阵营，法国和俄罗斯一伙，德国和奥匈帝国一伙。他们当时的想法是，如果两个超级阵营各自组建一支庞大的军队，就能对对方起到威慑作用。这样一来，就不会有战争。

鲍德里克：但后来发生了战争，对吗，先生？

布莱克德：是的。你看，该计划只有一个小小的缺陷。

乔治：先生，什么缺陷？

布莱克德：缺陷就是"这个计划就是胡扯"。

假设

如前所述，项目管理中的最大问题是忽略预测未来的必要性。实际上，我们从来没有对某个项目有足够的了解。更确切地说，只有当某个项目完成的时候，我们才得以完全了解该项目，但这样的事后了解是毫无用处的。

因此,在开始一个项目之前,我们应先做一个假设。通过假设,你可以帮助自己构建认知,假装知道自己并不了解的事情。举个例子,假设你的项目中包含测试阶段,但这个项目不一定必须是科技项目,因为绝大多数的项目都涵盖测试阶段,该阶段旨在测试你目前所完成的工作是否符合要求。如果你要求某人估算该阶段的持续时间,他们会回答"我不清楚"或"这需要花很长时间"。他们给出的理由是,因为他们不知道在测试的过程中会发现多少错误,所以只能这样回答。

但是,通过假设,你可以做得更好。你可以随意做出假设,比如假设在测试过程中会发现 20 个、50 个、1 000 个错误,或者 10% 或 9.714% 的测试内容会出现错误。但最好在以前项目经验的基础上进行假设,否则,你只是在编造一些听起来似乎合理的数据。虽然这么做有些复杂,但可以看看它给你带来什么结果。

1. 第一次测试运行（假设出现 10% 的错误）。

2. 修复这些错误。

3. 第二次测试运行（假设出现 5% 的错误）。

4. 修复这些错误。

5. 第三次测试运行和最终测试运行（假设没有出现错误）。

亨利·劳伦斯·甘特

亨利·劳伦斯·甘特（Henry Laurence Gant, 1861—1919 年）是一位机械工程师和管理顾问。他发明了甘特图，这是一种用来表示计划和进度的方式，甘特也因此而闻名。在第二次世界大战早期，甘特图被用在美国一些主要的基础设施建设项目中，如胡佛水坝项目和州际公路建设项目。如今，甘特图的使用极其广泛。

这些假设有着积极的作用，尤其能够帮助你制订更详细的计划。

到了某个阶段，你必须向相关方解释哪些东西是确定的（知识），哪些东西是假设的。但就目前来说，你可以认为知识和假设没有什么差别。因此，当评估项目的某个部分时，如果你的反应是"我没有头绪，我不知道，我们还没有决定这个，我们还没有决定那个，所以我无从得知"，那么你可以做出一些假设，从中你可以非常详细地评估该项目的这个部分。

甘特图

甘特图是用来呈现计划的最常见的形式之一，在计划中，甘特图展示了"某人某时完成某事"。当然，也有其他的计划呈现形式。例如，预算是以"某人某时花费的金额"来呈现的，而现金流量预测则是以"某人某时花费的金额和某人某时赚取的金额"来呈现的。

甘特图的左边显示的是项目工作，右边显示的是日历。先在甘特图中放入一些如下所示的重要信息（之后会增加更多信息）。

- 任务名称。
- 完成该项目需要投入的工作量（人时或人天等）。
- 工期(项目持续时间)，需要多长时间,何时开始和何时结束。
- 任务之间的依赖关系。例如，只有当其他工作完成之后才能开始某工作。
- 预算，即该项目的成本。

甘特图示例如图 2-1 所示。

图 2-1 甘特图示例

一些非常实用的评估方法

在进行评估时，你会发现以下内容很有用。虽然只是评估，但它可以让运算变得简单。

- 无须在意合同中规定的你每周必须工作多少小时。大多数的时长估算都将 8 小时等同于 1 天，即 8 人时或 1 人天。

- 一周 5 天，即 5 人天或 1 人周。

- 每月工作 20 天，即 20 人天等同于 1 人月。

- 一年 12 个月，即 12 人月等同于 1 人年。

- 最后，虽然各个国家或地区的假期及放假天数各不相同，但在大多数情况下，以 240 人天为 1 人年。

如何做

准确评估

以下是实现准确评估的方法。

1. 要求项目人员参与评估。如果这一点无法实现的话，也许是因为他们没有被正式聘用、未被分配工作或未明确身份。你应该让那些正式员工完成评估。如果不清楚该让谁来完成评估工作，你应该寻求帮助。或许你的同事可以在评估阶段帮上忙。当同事在评估阶段需要帮忙时，你也理应伸出援手。如果有同事有类似项目的经验，你应该尝试借鉴他们积累的经验。如果该项目涉及专业知识（如信息技术），则你应该向专业人士请教。最不应该出现的情况就是一个人独自完成所有评估工作，因为参与评估的人越多，在评估过程中出现的错误就越少。

2. 确定项目中需要完成的重要部分。在这个问题上，不一定需要百分百的准确度。你只需要把一个大问题分解成若干个小问题即可。例如，你或许对天体物理学不太了解，但是当谈到如何将太空探测器发射到金星上时，你可以非常快速地想到实现这一项目所需的关键步骤。步骤大致如下。

- 将太空探测器装入火箭。

- 将火箭发射升空。

- 火箭将太空探测器带到金星。

- 使太空探测器进入金星的同步轨道。

- 释放太空探测器。

- 太空探测器轻轻降落在金星上。

- 按下"开始"按钮！

3. 要意识到完成重要部分将给项目带来里程碑式的意义。项目管理中的里程碑意味着你正在按计划进行，并且会给你带来不断前进的成就感。每项重要工作的完成都具有里程碑式的意义。

4. 确定每项重要工作中必须完成的详细工作。

5. 分解所有工作内容并确认每项工作都能够在 1~5 天或 1~5 个工作日内完成。

6. 每项详细工作都需要尽可能地明确化和具体化，即在分配工作任务时，你应该这样说，"查理需要和技术人员进行为期 2 天的会议来阐明他的需求"，而不只是简单地说"收集需求"。为确保做到这一点，用简单易懂的话语来分配工作任务是一个很好的方法。此外，你还可以列明工作清单，并使其简明到连儿童都能理解的程度。

7. 利用因果关系。利用因果关系可以更好地表达工作不是孤立存在的，每项工作都会带来其他后续工作。因此，我们需要问自己两个问题。第一个问题是："首先应该完成什么工作？"然后，把这份工作写下来，接着问第二个问题："接下来会发生什么？"或者"谁应该做什么？"直到你创建了一份工作清单（并完成排序）。

8. 对不了解的事情做出假设。

9. 列出一个涵盖所有工作的结构化清单。通过该清单，你可以看到该项目是由哪些重要部分组成的，而这些重要部分又是由哪些更小的部分组成的。这就是我们熟悉的项目管理术语"工作分解结构"。

10. 如前所述，将所有这些信息归纳在一张甘特图中。

关键路径

虽然"关键路径"这一术语为很多人所用，但大多数人都不能正确地使用它。有些人虽然不知道它的含义，却经常使用它（如在会议上），因为它听起来让人感觉很专业，因此使用它的人也显得很专业。还有些人使用它来描述在项目中必须完成的关键任务。但是，这些都不是关键路径的真实含义。

关键路径是指在项目的所有完成路径中所需时间最短的那条。鉴于项目进度压力普遍存在，如果你正处于这样的压力之下，了解关键路径的含义就显得至关重要。

如图 2-2 所示，工作 6 由 6.1 到 6.6 顺序组成，关键路径时长为 17 天。

如果你想缩短项目时长，首先需要缩短关键路径。以图 2-2 为例，如何将这 17 天缩短呢？一种方式是在测试阶段结束之前就开始修复错误。在一天的测试工作结束后（在第一轮测试期间），你也许会做出决定，让修复人员对发现的错误置之不理。如果你这样做了，那么该项目计划将如图 2-3 所示。

这个决定把整个项目所需的时长缩短了 1 天，即将关键路径缩短了 1 天。

让我们再看看如图 2-4 所示的示例。

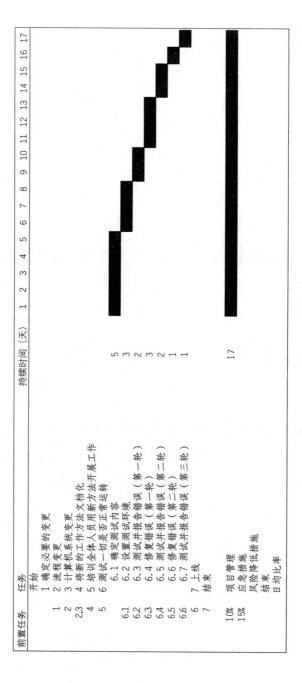

图 2-2　关键路径为 17 天的项目计划

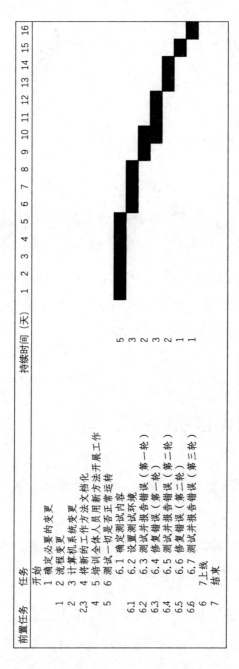

图 2-3 将关键路径缩短 1 天

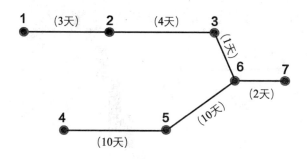

图 2-4　关键路径为 22 天的项目计划

在图 2-4 中，关键路径是 22 天，即路径 4—5—6—7。如果你想缩短该项目的时长，则没有必要在 1—2—3—6 路径的工作上花心思，因为缩短其中任何一项工作的时长对该项目的总时长不会产生任何影响。但是，如果你选择缩短 4—5、5—6 或 6—7 的工作时长，则能够缩短该项目的总时长。

计算管理项目所需的工作量

除了找出关键路径，还有一件事需要你考虑。尽管你能列出详细的任务清单，评估这些任务并将它们排序，但这并不意味着这些任务就能够顺利地进行或完成，顺利完成任务的前提是有人确保它们能完成。这就是项目经理的职责。

这就要求在你所执行的每个项目中，都要包含一项被称为"项目管理"的任务。假设现在需要评估一项任务，那你要如何估算项目管理的工作量呢？

有一条简单的经验法则能帮助你：先将项目的总工作量（是工作量而不是持续时间）计算出来，再将总工作量乘以 10%，就可以得到项目管理的工作量。

举一个简单的例子，假设有 5 人全职负责某个项目，并且一直工作了 4 个月（持续时间），该项目的总工作量为 20 人月，也就是说，5 人中的每个人都投入了 4 个月的工作时间，将人数乘以持续时间得到总工作量 20 人月，总工作量的 10% 是 2 人月。因此，该项目的总工作量为 22 人月，完成项目需要 20 人月，确保项目完成需要 2 人月。

进一步分析，如果将项目管理所需的 2 人月包含在项目进展的 4 个月内，那么对项目管理人员来说，管理该项目就是一个兼职工作（2/4 =1/2）。这一计算的重要性在于，如果项目人员花费一半的时间去执行项目，即每周两天半，那么他们只花了一半的时间在管理项目。这里首次提出"人员可得性"的概念，即资源可得性。本书将多次涉及这个重要问题。

综上所述，"项目管理"这项任务必须纳入计划，如图 2-5 所示。其工作量可以用 10% 法则计算得出，其持续时间就是该项目的持续时间——从项目开始的第一天到项目结束的那一天。项目管理工作具有独立性，即没有其他任务依赖它，它也不依赖其他任务。

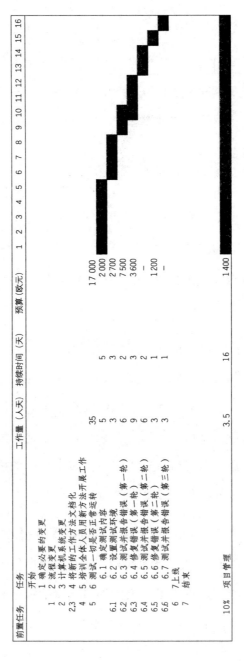

图 2-5 包含"项目管理"任务的项目计划

项目管理方法论

在学习项目管理的过程中，你很快就会遇到"方法论"这个词。项目管理方法论包括传统项目管理、关键链项目管理（Critical Chain Project Management，CCPM）、极限编程、敏捷项目管理、专有方法和受控环境下的项目管理（Project in Controlled Environment，PRINCE）第二个重要版本（PRINCE2）等。这些方法论是什么？对你而言有何意义？

项目管理方法论实质上囊括了很多过程。这些过程阐明项目人员在执行项目时必须经历的所有步骤。有些方法论是专有的——只限于特定公司或组织，而有些则有广泛的适用性。例如，在英国，PRINCE2方法论较受欢迎且应用广泛，尤其是在政府机构和大型组织中。

或许应该这么说，这些方法论大都源于软件开发和IT领域。鉴于这些领域并不以项目成功率著称，你也许会问方法论在这些领域起到了什么作用。

事实上，你更应该问的是，既然这些领域已经有了那么多不同的方法论，为什么还需要本书呢？为何不随意选择几种方法论直接用呢？原因如下。

本书没有介绍其他方法论，也无意和现有的方法论竞争。然而，本书介绍了项目管理中的最佳实践。如果你想确保你的项目成功，本书各章都是非常重要的，尤其是第五章所讨论的内容。

你也许会问，这些方法论是否都能让你获得像最佳实践那样的效果？事实上并不能。本书所涵盖的内容和各种方法论之间显然有很多重叠之处，但是你在本书学到的知识是任何一种方法论都无法给予的，它们包括：

- 行之有效的方式。
- 常识性的方式——简单易学且容易上手。
- 轻装上阵的方式——告诉你项目成功所要做的最少的事。

我也发现，使用哪种方法论与项目的成功与否并没有相关性。

网络上有很多质量参差不齐的方法论，包含但不限于如下内容。

- 自适应项目框架。
- 敏捷软件开发。
- CCPM。
- 水晶方法。
- 动态系统开发模型。
- 极限编程。
- 功能驱动开发。
- 信息技术基础构架库。
- 联合应用开发。

- 精益开发。

- PRINCE2。

- 快速应用开发。

- 统一软件开发过程。

- Scrum。

- 螺旋。

- 系统开发生命周期。

- 瀑布（传统）。

你会发现，从表面上看，在这些方法论中有很多都与软件开发或 IT 系统有关。那么，它们究竟是项目管理的方法论，还是用于开发计算机系统的方法论？

事实上，这些方法论多多少少都是有用的——里面涉及的清单、表格、模板、程序可以使你的生活更便捷，你不必重新开发一套系统。因此，如果你发现其中的一种方法论可以使用，请务必查看该方法论中的哪些内容能为你所用；或者，你可能遇到必须遵循某个方法论的情况。无论属于哪种情况，你都要确保不偏离做好项目管理的基本原则。

项目管理工具

一旦开始执行项目，你会遇到另一个问题：你需要知道项目管理工具的所有要点，学会使用最常见的微软项目管理软件——Microsoft Project。这些工具的作用是什么呢？

仔细想想，要完成生活中的许多事情，都需要一些方法和一些工具。例如，准备晚餐，你需要的方法就是教你怎么做菜的食谱，你需要的工具包括炊具、锅碗瓢盆和刀具等。项目管理也是如此。本书为你提供了方法，至于工具，你得根据需要去选择，最终出色地完成任务。

此外，你应该使用最简易的工具来完成任务。例如，你可以用普通的纸、白板、黑板、活页纸或牛皮纸。要知道，古埃及人能用的工具只有草纸，可他们完成了那么多不可思议的事。再庞大的项目都可以在一张纸上写出计划再去执行，而且已经有人这么做了。

纸张的最大缺点当然是不能即时更新。当你的项目已经开始、发生变化或需要更新计划时，写在纸上的计划会变得非常混乱，并且对计划进行调整也十分耗时。这时，你可以使用类似 Word 文档之类的工具（或其他任何工具）。

更好用的工具是 Excel（或其他任何工具）。Excel 并不是专门为写计划而设计的，但是它对绘制和更新计划非常有用。Excel 唯一的缺点是不能很好地展示任务之间的依赖关系。不过这也情有可原，毕竟它是电子表格，而不是项目计划工具。

接下来你可以开始着手使用项目计划工具，Microsoft Project 是最常用的。还有其他一些软件，可以在网上获取。有些软件的功能十分强大。例如，Microsoft Project 可以帮助你快速建立任务清单（工作分解结构）。

此外，还有一些企业用的项目管理工具，如 Primavera 或 Microsoft Project Server 等，这些工具的价格都较高。

你会发现，这些项目管理工具——从最简单的到最复杂的，都有其优缺点。因此，你可以使用组合工具，利用各种工具的优点，减少其缺点的影响。比如，你可以用 Microsoft Project 绘制一个展示项目持续时间的进度表，在 Excel 中计算工作量和做预算。虽然这样做，你必须输入两次信息，但是能得到一个较好的工作效果，所以是值得的。

对于小型项目，把计划写在一张纸上就足够了；而对于一些艰巨的任务，使用计算机肯定会更方便。

推荐阅读

▶ PRINCE2 网站介绍了有关 PRINCE2 方法论的所有知识。在英国和许多英联邦国家（如澳大利亚）的组织中，都使用 PRINCE2 方法论，而且在这些组织中，要成为项目经理，必须拥有 PRINCE2 资格证书。如果你从事软件、IT 类工作，或者必须与从事这些工作的人打交道，那么你就会听到他们谈论"敏捷开发""敏捷方法论""极限编程"和其他趣事。你要走在他们前面，了解他们所做的事情，并在相关网站上找到能难倒他们的棘手问题。

▶ 如果你想进一步探索项目管理的工具和软件，可以在维基百科中搜索"项目管理软件对比"。如果你想试用免费软件，可以在网上搜索"免费项目管理软件"或"免费项目计划软件"。如果你想用 Microsoft Project（纯粹是因为它的流行度和广泛的使用度），你可以在 Microsoft Project 官网注册并获得该软件 60 天的免费试用期。还有很多其他软件也是可以试用的。

▶ 关于项目管理的其他书籍，我撰写了《如何运行成功的项目（第 3 版）》（*How to Run Successful Project III*）一书。本书在 1994 年首次发行，现在已经更新至第 3 版，其中包含了一些有用的内容。

▶ 有三本关于电影制作行业的书很受项目经理的青睐，因为电影制作行业在评估大型项目方面应用广泛。这三本书分别是：

- 杰克·艾伯斯（Jake Eberts）的《终结犹豫不决》（*My Indecision is Final: The Rise and Fall of Goldcrest Films*）；

- 约翰·保曼（John Boorman）的《光影里的金钱》（*Money into Light: The Emerald Forest，A Diary*）；

- 斯蒂芬·巴赫（Stephen Bach）的《建造天堂之门：梦想与灾难》（*Final Cut: Dreams and Disaster in the Making of Heaven's Gate*）。

▶ 画龙点睛

"魔鬼就藏在细节里。"如果你一开始没有厘清项目中的细节，那么它就会一直困扰着你。

第三章

了解资源供需状况

本章主要内容

▶ 项目管理是关于供需的学问

▶ 每项工作都必须有人做

▶ 可得性低是项目的隐秘杀手

▶ 让团队扬长避短

▶ 评估成果

项目管理是关于供需的学问

就像生活中的许多事情一样，项目管理也涉及关于供给和需求的问题。我们都熟悉供需问题，如生活中的收入（供给）和生活支出（需求）。作为项目经理，你的角色通常是需求方。如果供给大于或等于需求，你的选择就多。如果供给小于需求，那么你就麻烦了。

供需关系从理论上说很简单。如果有 100 人天的工作要做（需求），那么就必须有 100 人天来完成工作（供给）。

请注意，确切地说，本章谈论的是"资源"而不是"人员"。有些工作只需要人员就能完成，也就是说，这些工作只需要"有生命的资源"。而有的工作还需要其他资源，如设备、消耗品和机械等资源，这些是"无生命的资源"。本章将重点介绍有生命的资源，因为项目很少因为无法获得足够的无生命资源而陷入困境。例如，项目一般不会因为缺少两张办公桌、四台计算机和一套软件而导致无法开展。项目陷入困境，主要是因为无法获得足够的有生命的资源来完成工作。现在，我们最好将有生命的资源称为人力资源。因此，本章重点讨论的是人力资源。但请记住，你还需要其他资源。

事实上，问题往往是由上述两种资源的综合作用引起的。首先，需求有不断增加的趋势。相关方会提出更多的需求："能做到吗？""我可以有这个吗？""我想我们也需要这个。"还应指出的是，如果一开始项目目标不明确，就会导致需求不断增加。

如果这还不算糟糕的话，那就看下一个问题：资源供给越来越少了。人员从来就没有够用过。要么是他们进入项目的时间比计划的更晚，要么是他们按时进入，但随后又不得不转到其他项目中，又或者他们在你这个项目中工作的同时，也参与其他项目，你没有得到你所期望的投入时间。

供需关系就这样失衡了。需求上升，供给下降。如果两者之间失去了平衡，那么情况就会变得糟糕，你的项目就会陷入困境甚至失败。你一定听过"非黑即白"这样的说法，生活中没有那么多非黑即白的事情，供需关系也不是非黑即白的事情。如果没有足够的人员来完成工作，你就只能关门回家了。

同样值得一提的是，你有时会听到"估算资源需求"的说法。从某种程度上说，这种说法是没有意义的。因为只要有资源，就不用估算。估算是预估需要完成多少工作（需求）。一旦完成需求估算，就无须做其他估算了，只须列一个等式。需求有多少，你就供给相等数量的资源。就这么简单。

和第一章一样，在供需关系方面也有三个重要问题，它们是项目的"主要杀手"。

每项工作都必须有人做

看了本节标题，你也许会说："天呀，我们早就知道这一点。你不必给我们讲这个。"但是，我必须再讲一遍，因为很多人并没有真正理解这一点。请允许我举例说明。

几年前，我向一位 IT 经理介绍项目管理培训。当我们在他的办公室聊天时，一位项目经理走了进来，对这位 IT 经理也是他的上司说："老板，从今天开始，我的项目要进行三个月的测试，然后发布。我之前报备过，原计划需要两名测试工程师。所以，我来是想提醒您，要去人力资源部寻找两名测试工程师。"（项目经理的必备技巧：多提醒上司。）

IT 经理说："你知道我们目前已经暂停招聘，现在不能招人。"（上司的法宝，他们总是这么说。）

项目经理的脸上顿时流露出困惑的表情，略做思考后，他说："那好吧。"然后项目经理离开了。这对项目经理而言是一个很大的挑战。

从这个故事中我们可以学到一些东西，或者说学到一个最重要的问题："上司听到了什么？"答案是上司听后觉得这不是问题，这项没有人员（供给）去做的测试工作（需求）最后肯定能完成。

回想一下第一章中介绍的应对项目变更的三种可行方案。

- 确认大型变更。
- 采取应急措施。
- 忍受。

你将如何应对这一变更呢？在上述这个项目中，很多人被迫加班。开发工程师白天做开发工作，到了晚上和周末做测试工作。

最后，请注意，项目经理正确的应对之举应该是确认大型变更。他的回答应该是："好的，老板，没问题。在没有测试工程师的情况下，我可以马上更新项目计划，您可以告诉我您的想法。"

你看，工作必须有人去做。必须有供给才能满足需求。

还有一种可能是，在项目开始时，你也许不知道谁做什么。因此，你必须在计划中的"负责人"一列（见图 3-1）中放入你需要的人（他们必须具备相应的技能）。

你可以将这些人标注为"新员工""待定或待聘""二号工程师""财务专家""Java 程序员""承包商"等，这些都是通用资源名称。但在开始具体工作之前，你必须用热情、活泼、可爱的具体人员——对，必须是鲜活的人——替换掉通用资源名称，否则将无法完成这项工作。

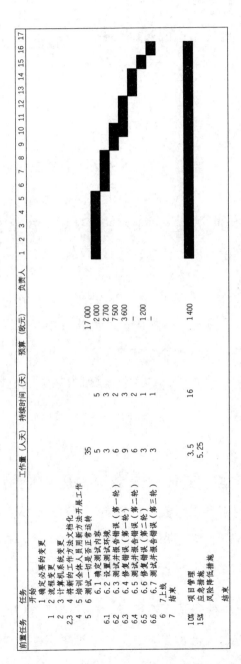

图 3-1 添加了"负责人"列的甘特图

可得性低是项目的隐秘杀手

要完成一个项目，仅仅有人还不够，这些人必须有足够的时间投身于该项目，即具备足够的可得性。

假设你的项目需要完成一项工作，你估算需要 10 人天。查理被安排去做这项工作，查理每周可工作 5 天。此项工作的持续时间为 2 周，也就是说，完成该工作查理需要用 2 周的时间。对你的项目来说，查理的可得性很高。

假设查理每周只有 1 天能参与该工作（这种情况很可能发生）。因为他参与了另一个原本应该已经完成现在却没有完成的项目，他不得不花时间在这个项目上。而且查理是唯一了解该项目的人，他还必须处理一个与客户相关的问题……你肯定能料到接下来会发生什么。

查理每周工作 1 天，完成这项工作将需要 10 周，而且还没有考虑现在的工作可能大于 10 人天，因为查理每周工作 1 天，等他下次接着做的时候会带来额外的影响。不过这都是后话了，现在你面临的问题是，这项工作每周需要 5 天，而你每周只得到了1 天。对你的项目来说，查理的可得性低得可怜。

这个问题听上去好像没那么严重。在一个大型项目中，你甚至没有意识到它的存在。但是，在一个小型项目中，查理可能就坐在你身后，或许还没有等你意识到这件事，它就已经发生了。而这件看起来不太严重的小事有可能导致该项目延误 2 个月（10 周减去 2 周）。

到目前为止，我们讨论的一些主题，如不清楚项目目标、没有进行适当的变更控制、糟糕的估算等，都是重要的事情。也许你会忽视它们，这会给你带来很大的麻烦。如果你不了解大家的可得性，你的项目只会被吞噬。虽然你可以马上开始实施项目，但你很快就会落后于计划。团队必须更加努力，花更长的时间，超负荷工作。这不会有任何好处。你会节节败退。你只好在状态报告上写"我们的基础工作做得不好，但我们希望在项目的后期进行弥补"，你好像在做梦。某一天，你醒了过来，发现自己远远偏离了计划路线。被吓到了吧？

因此，你需要了解人力资源的实际可得性。接下来将介绍如何做到这一点。

如何计算可得性

大多数人不知道自己的可得性。更糟糕的是，人们倾向于高估自己的可得性。下面说说这种倾向。

你的上司来找你，问："你能安排一些时间，下周做这件事吗？"大多数人只会自动说"好"或"行"。如果你比较精明——

希望你现在已经开始变得精明，你会问："具体需要多少时间？"
如果他说"一天"，那么你说"好的"的可能性就大些。

现在说"好的"，以后对你和上司可能都会造成巨大损失。对
上司来说，你已经做了保证，但是这时你保证的其实是一些你实
际上做不到的事情。对你自己来说，你已经承受了沉重的负担，
并进一步加大了负担。所有这些都是因为你不知道自己的可得性。

因此，你必须知道你的实际可得性，以及如何计算可得性。
你需要做一张"舞蹈卡"（Dance Card）。什么是舞蹈卡？别急，
让我们接着往下读。

舞蹈卡

舞蹈卡（也称供需计算器）是在参加交际舞会时流行的一种卡
片。女士去参加舞会时，会得到一张带有乐队或乐曲清单的卡片。
乐队演奏舞曲时，为了邀请和女士跳舞，绅士会在某支舞曲后面
写下自己的名字，约定与其中某位女士跳该支舞曲。舞蹈卡衡量
了供给（可用的舞曲数量）和需求（预订的舞伴数量）。为了计算
你的舞蹈卡，你需要弄清楚你的供给和需求。方法如下。

计算需求

为了确定你的需求，你需要选择一个时间段，然后列出该时间段内你将开展的所有项目。这些项目应该包括此时间段内的所有内容，涵盖项目实际开始和结束时间。这里先不管它何时真正开始和结束。例如，你可以列出一个在此期间开始的项目，一个在此期间开始和结束的项目，或者一个在此期间运行的项目。

一旦确定了需求，还需要考虑当前的工作量和日常任务，因此接下来应将"日常任务"添加到清单中。这些任务如下所示。

- 会议。你所有的会议都可能和具体项目相关，但是我们大多数人都会参加"小组会议""周一会议""公司会议"之类的会议。不要忘记在会议之前做准备，开会过程中也要做准备，会后你还需要跟进或采取行动。
- 汇报。你的工作可能涉及制作（或阅读）报告。
- 被打断。不论是面对面会议还是电话会议，我们每人每天都会被打断。
- 收发邮件。你所有的电子邮件都可能与具体项目相关，但大多数人每天还要处理其他事项。弄清楚这些邮件是否与具体项目相关需要花费一些时间。
- 出差或访问。也许你要出差，或者有人来拜访你，这会占用你的时间。

- 培训。也许你正在参加某种形式的培训课程，或者你正在辅导或指导其他人。

- 年假、休假或假期。

- 日常工作。也许你已经有一份全职工作，但现在项目工作排在第一位。

- 管理团队。也许你是领导者，管理团队会占用你的时间。

- 电话或电话会议。我们每个人每天都有很多这方面的事情要做。

- 支持工作。你会以某种方式支持产品或系统或其他人员。

- 招聘。也许你的组织规模正在扩大，你必须花时间查看简历，对应聘人员进行面试或开展其他相关活动。

- 灭火工作。

- 补位工作。你可能要为那些请假的人补位。

你还需要考虑一些不可避免的事实，那就是在项目运行期间可能出现新情况。例如，你的上司多久会来找你一次？从"鸡毛蒜皮"的事情到"重大变更"的事情有多少？也许你的项目在运行期间没有任何变更。（我听说有这样的项目，尽管我自己从未遇到过！）但是，很有可能出现新情况。你并不知道是什么情况，因为它们还没有出现，但你知道迟早躲不过。因此，你还要在清单中添加一栏"机动事项"。

然后，你需要弄清楚在之前选定的时间段内，你将花费多长时间去查看清单中的每项工作。使用每天几小时、每周几天、总小时数、总天数或其他最适合每项工作的任何指标。确保时间单位统一。按天计量可能是最好的选择。

将所有这些累加起来。这样，你就可以知道在选定的时间段内完成全部这些工作需要的时间。

如何做

如何计算需求

1. 选择一个时间段。

2. 列出此时间段内你将开展的所有项目。

3. 在清单中添加"日常任务"或"日常工作"栏。

4. 添加一个名为"机动事项"的附加栏。

5. 算出每项工作要占用多少时间（以小时或天为单位），将其相加得出总工作量。

计算供给

供给是指你能为项目付出多少时间。为了使你能够正确完成所有工作（需求），必须有相等数量的资源供给。因此，你要解决这个问题。你的资源供给取决于你每周工作的天数和每天工作的小时数。如果你一周工作 5 天，但只能在早上 8：30—12：30（4 小时）工作，那么你的资源供给量为 5×4 = 20 小时或 2.5 天，这是你真正可以供给的时间。

如何做

如何计算供给

1. 选取的时间段与计算需求时选取的时间段保持一致。

2. 计算出在这段时间内你可以工作的天数（切记，不包括任何假期）。

3. 用工作日的天数乘以你每天工作的小时数。

4. 这就是你可以供给的小时数。如果你的需求同样是以小时来计算的，那么到这一步，你就可以结束了。但如果你的需求是以天为单位来计算的，则还需将所得到的小时数除以 8，转换成天数。

让团队扬长避短

最后一点，一个团队只有人是不够的，只有可得性也是不够的。最后一件要做的事情就是让团队中的每个人都清楚自己正在做什么。从人力资源角度来说，就是要发挥团队中每个人的长处，规避每个人的短处。

这个世界上有各种各样的人。有的人在任何一个团队中都是最先被表扬的人（"超级明星"）。有的人在各方面表现得都很好，过了一段时间，其表现会被别人注意到（"好公民"）。有的人则表现得很糟糕，根本不在乎团队中其他人是如何想的（"不靠谱的人"）。

当这些人被分配到你的团队中时，他们的表现也会如此。你会遇到"超级明星"——技术熟练，有上进心。毫无疑问，他们一定会把工作完成得非常好。你会遇到"好公民"——他们不像"超级明星"那么可靠，但总的来说，他们也能做好工作。你还会遇到"不靠谱的人"——他们的能力、技术和积极性都令人怀疑。你要做的就是尽可能地让团队中的人做他们擅长和喜欢的事情，同时你必须用不同的方式来管理不同类型的人和不同的情况。下面让我们看一个非常简单的方法。

发挥团队的优势

当你为一个人安排工作任务时，有个简单的方法可以帮你评估这个人的任务完成情况。你要注意两件事。第一，该方法会暴露出那些威胁到整个项目的弱点。第二，在项目开始后，你可以利用这些信息指导你在不同的情况下如何管理团队。更多的内容会在第六章中介绍。

同样重要的是，如果你要做评估，一切都要基于证据，与你是否喜欢这个人无关。那怎样来收集证据呢？真的很简单。假设你已经将工作分解得很详细（这部分内容已经在第二章讨论过），那么在项目进行两到三周后，你应该为每个人制作一份"工作报告"，该报告总结了他们在工作上的表现。

- **超级明星。**这类人拥有精湛的技术和很高的积极性来完成工作，而且不会有什么困难。证据表明，每次你分配工作工作给他们，他们都能出色地完成。你会在"工作报告"中打满"√"。
- **好公民。**他们的工作报告中可能偶尔出现一个"×"。大多数情况下，他们能够完成工作。
- **不向我汇报工作的人。**这类人包括其他团队或部门的人，也包括那些职位比你更高、你无权命令的人，以及在其他公司、组织、承包商中工作的人。你的问题是要考虑优先级，即在你的项目中，什么工作对你重要，但对以上这些人来说不重要，或者说不那么重要。因为这类人给你带来的最主要的问题是，你想让他们做的工作在他们的优先事项表中永远排不到足够靠前的位置。虽然看起来你在这种情况下注定要失败，但是不要担心，我们会在第六章告诉你如何处理这种情况。

- **职场新人**。如果不监督、不管理、不教育、不培训、不跟踪这些人，他们很可能交出一份打满了"×"的工作报告。
- **没有可得性的人**。检查"舞蹈卡"，你就可以知道有些人没有时间完成这项特殊的工作。
- **无法胜任工作的人**。如果一个人的工作报告中打满了"×"，则表明这类人不能胜任该项工作。

如果你做了这项分析，你就能知道项目中存在哪些弱点。

名人名言

你不可能把一群乌龟变成由 20 头骡子组成的工作团队。

——托德瑞克（L. Todryk）

名人名言

没有什么事情比建立一个新秩序更困难、更难成功和更危险的了。

——尼科洛·马基雅维里（Niccolò Machiavelli）

名人轶事

皮埃尔·保罗·德里凯

皮埃尔·保罗·德里凯（Pierre Paul Riquet）是米迪运河建造工程项目的负责人。米迪运河是欧洲最古老的运河，它连接了大西洋和地中海。

从古罗马时期开始，人们就一直在讨论建造运河的可能性，但在海平面以上几百米且远离河流的地方进行水资源管理，几乎是不可能实现的。

德里凯拥有令每个项目经理都羡慕的本领，他有目标、有远见（如同第一章所描述的），他的想象力能够解决棘手的工程问题，他也有奉献精神和热情来完成项目。他是一个领导者楷模，他担负起了工程项目团队 12 000 多人的健康和福利保障（值得一提的是，这个项目是他自己出资的）。

最重要的是，这个项目向我们传递了一种和谐之美。如果你有幸路过这条运河或沿着它航行，你会被它的和谐之美所吸引，它的桥梁、船闸、隧道、路堑与周边种植的树木巧妙地融为一体。来到法国南部的贝济耶城，你会惊叹于丰塞拉讷船闸的 9 层闸门，这 9 层闸门可以使运河上行驶的船只逐级升高达 21.5 米，你也会惊叹于那横跨整个奥尔布河的桥梁。

评估成果

是时候小憩一下，评估一下自己的成果了。我们在第一章说过，无论什么时候你接受了什么类型的项目，都会有一些制约因素——如何完成项目及何时完成项目。我们还说过，在你对项目进行分析之前，你无法知道哪些期望是可以实现的，就像其他专业人士在他们的领域遇到问题时一样，他们也会做分析。现在你已经完成了分析，那么你有什么收获？

如何做

在项目中增加人员

1. 在甘特图中添加两列。第一列为"负责人"，第二列为"可得性"。

2.在"负责人"列中添加通用资源（如前所述）或需要的人力资源，为此你应该在计划中加入需要分配人员的额外工作。

3.弄清楚人员的可得性。如果不确定，就使用"舞蹈卡"。请注意，人员可得性可能影响项目的持续时间。例如，你可能认为1周可以完成5人天的工作量，因为你以为任务负责人会全天投入你安排的工作。结果在检查他们的工作量时，你发现他们只有一半的时间（每周2.5天）投入工作，那么项目持续时间将是预估的2倍，即2周时间。

假设你有一个计划——项目计划。你之前都不知道到底什么是计划，那么现在你知道了，做计划就是搞清楚以下三件事。

1.你到底想做什么？

2.要做什么才能使你达到目标？

3.谁去做这些事情？

你也可以将计划视为项目的供需模型（你可以想象一下铁路模型或乐高模型）。你可以改变供需关系并查看效果。例如，你可以问（在需求方面）："如果相关方不想要玻璃杯而想要一个游泳池（请记住第一章中举的例子），我该怎么办？这对模型有什么影响？"同样，你也可以改变供给量："如前所述，如果我无法安排2名测试工程师，那么对计划有什么影响？"

事实上，这个供需模型也可被视为一个项目模拟器。有时这些计划被称为"项目经理的飞行模拟器"，这的确是个不错的主意。还记得第二章举的评估示例（见图3-2）吗？这里还用这个示例。

开始模拟。现在运行该项目中的"6　测试一切是否正常运转"这个任务。让我们模拟这个任务，接下来开始了解所有相关问题。

可以用许多不同的方式来呈现该计划。此处选择的形式是甘特图，即"谁什么时间做什么"进度表。还可以用许多其他呈现形式。例如，预算是"谁何时在什么上花费"的计划。网络图通过显示任务之间的依赖关系来呈现计划，因此它显示了项目中的工作顺序及项目的进展方式。（请注意，查看甘特图的右侧内容会达到相同的效果。）

做计划时，还要将以下4个真正重要的因素联系在一起。

- **成果**：项目的可交付成果（项目目标）。
- **时间**：项目将在何时完成。
- **工作量**：项目中的工作量（人天，可以用它来做预算）。
- **质量**：项目中有很多工作要做，要确保你不仅能按时完成，不超出预算，而且要达到质量要求。"6　测试一切是否正常运转"中的所有工作都与此有关。

以上就是做计划时需要了解的所有内容。

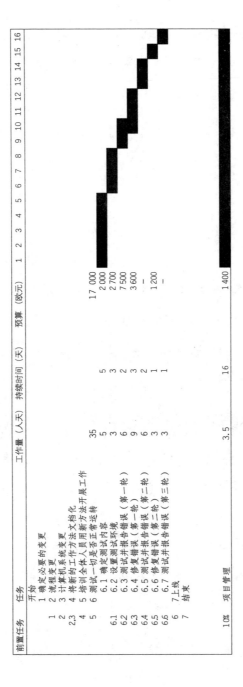

图 3-2　第二章中的估算示例

前置任务	任务	工作量（人天）	持续时间（天）	预算（欧元）
	开始			
1	1 确定必要的变更			
2	2 流程变更			
2,3	3 计算机系统变更			
4	4 将新的工作方法文档化			
5	5 培训全体人员用新方法开展工作	35		17 000
5	6 测试一切是否正常运转			2 000
	6.1 确定测试内容	5	5	2 700
	6.2 设置测试环境	3	3	7 500
	6.3 测试并报告错误（第一轮）	6	2	3 600
	6.4 修复错误（第一轮）	9	3	—
	6.5 测试并报告错误（第二轮）	6	2	1 200
	6.6 修复错误（第二轮）	3	1	—
	6.7 测试并报告错误（第三轮）	3	1	
6	7 上线			
7	结束			
10%	项目管理	3.5	16	1 400

此时，也许你认为自己已经准备好应对制约因素。但在这么做之前，你还要做一件事情。你要意识到，计划实际上是非常脆弱的，你可以将其视为一个刚出生的婴儿。你当然要遵循计划，不过项目上的任何一个小问题都会导致变更。例如，查理病了一天，因此项目进度开始落后并超出预算。对此，你要做的就是遵循这个极其脆弱的计划并在执行过程中不断强化它。你必须在进入残酷的现实世界前做好准备。项目一开始就像一个刚出生的婴儿，结束时它将像一个朝气蓬勃的年轻人。你应该在计划中加入应急措施并进行风险管理。第四章会详细介绍这部分内容。

推荐阅读

▶ 如果你想了解有关团队、团队建设和打造优秀团队的要素及所有相关内容的更多信息，可登录 www.belbin.com。

▶ EIP（www.etpint.com）上有一个被称为"供需计算器"的 Excel 表，你可以用它来快速制作"舞蹈卡"。

▶ 汤姆·迪马可（Tom DeMarco）和蒂莫西·李斯特（Timothy Lister）合著的《人件》（*Peopleware: Productive Projects and Teams*）是一本讲述软件行业人员和团队的书，项目经理可从本书中受益。

▶安东尼·施耐德（Anthony Schneider）的《托尼·瑟普拉诺的管理》（*Tony Soprano on Management*）为你提供了大量明智的建议，可帮助你完成工作。

▶ **画龙点睛**

如果没有人去做，工作就不会完成。

第四章

管理项目风险

本章主要内容

- ▶ 应急措施与风险分析

- ▶ 为什么要制定应急措施

- ▶ 应急措施：如何制定、制定数量及制定方法

- ▶ 风险分析

- ▶ 测算成功概率指标

- ▶ 成功概率指标中分数的含义

应急措施与风险分析

如前面章节提到的，你必须加强计划工作，确保你的计划能够成功。你可以使用两种相关但不相同的方法，即腰带方法和背带方法。

第一章提到了项目经理的"法宝"。这里再次强调：

做项目时会发生无法预料的事情。

它们大多数是糟糕的意外。

有时，我很幸运——这只是个小问题。

但大多数时候它们都是出人意料的坏事。

因此，我需要在计划里制定应急措施。

分析风险，然后做出明智的决定。事实上，项目中会有一些风险比其他风险更大。如果你能找出这些风险，当然是一件好事，如果你能进一步做些什么，那就更好了。或许你可以降低或消除这些风险。

下面将前文已经介绍的内容组合在一起。

- 明确你想做什么（第一章）。
- 在计划中加入以前项目（如果有）的大量细节和知识（第

二章)。

- 确保供给和需求相匹配 (第三章)。
- 制定应急措施以应对不可避免的坏事 (本章)。
- 进行风险分析以防止某些坏事发生 (本章)，确保项目顺利完成。

名人轶事

亨利·法约尔

亨利·法约尔 (Henri Fayol，1841—1925 年) 是法国矿业工程师和管理理论家，他提出了一般管理理论。他认为管理包含 6 个主要功能，分别如下。

1. 预测。

2. 计划。

3. 组织。

4. 指挥。

5. 协调。

6. 控制。

前 3 个功能是前文所涵盖的中心内容，后 3 个功能将在接下来的章节中介绍。

法约尔还提出了如下 14 条管理原则，几乎每条都与项目经理有关。

1. 工作分工。该原则与亚当·斯密（Adam Smith）的"劳动分工"相同。通过专业化提高员工效率，从而增加产出。

2. 职权。管理者必须有权下达命令。被授权后就要负责任。

3. 纪律。员工必须遵循和尊重组织纪律。良好的纪律是有效领导的结果，管理层和员工对组织纪律应有清晰的理解，违反纪律将受到处罚。

4. 统一命令。每位员工应只接受一位上级的命令。

5. 统一立场。目标相同的组织活动应由一位领导者根据计划进行指导。（因此，每个项目应该只有一位领导者。）

6. 个人利益服从集体利益。任何一位员工或员工团体的利益都不应优先于整个组织的利益。

7. 报酬。员工的劳动必须获得对应的报酬。

8. 集中度。集中度是指下属参与决策的过程。决策是（向管理层）集权还是（向下属）分权需考虑恰当性问题。要为每种情境选择最佳的集中度。

9. 层级。层级包括从最高管理层到最低级别人员的权限。沟通应遵循层级，不越级。如果因遵循层级造成延误，在各方同意的情况下，则可以进行交叉沟通，并随时知会上司。

10. 秩序。应在恰当的时机于恰当的地点提供人力和物力。

11. 公平。领导者对待下属应友好和公平。

12. 员工稳定性。较高的员工流失率会导致低效。管理层应提供有条不紊的人事规划，并确保有替代人员填补空缺。（抱怨和"加班加点"会造成很坏的影响，也会导致较高的员工流失率。）

13. 主动性。一旦员工被允许发起和制订计划，他们就会非常努力。要让即将承担责任的人员尽早参与计划。

14. 团队精神。弘扬团队精神有利于在组织内营造和谐、团结的氛围。

为什么要制定应急措施

先说最重要的一点。你要在计划中制定应急措施。如果你的计划中缺少应急措施，那么你将错失应对变更的 3 种可行方案。它们分别是：

- 确认大型变更。
- 采取应急措施。
- 忍受。

缺乏应急措施时，那么只剩下：

- 确认大型变更。
- 忍受。

这意味着项目发生的每个变更（不能归类为大型变更）都必须通过延长工作时间、加班来处理。这是一个糟糕的做法。

还有一种更简单的方法来看待这一情况。如果你的计划中缺少应急措施，那么从逻辑上可以得出什么结论呢？从逻辑上可以得出的唯一结论就是：你相信你的计划会完全按照你所说的那样完成。我们从这个结论中能得出的唯一结论是：你疯了！在历史上，从来没有一个计划能完全像计划制订者所写的那样完成，要牢记这一点。

应急措施：如何制定、制定数量及制定方法

接下来你要做的决定是：将应急措施在计划中列明，或者将其隐藏起来。有一个说法是，先将其列明，然后隐藏起来。如果能将其列明，那么可实现事半功倍的效果！这可是一件大好事。因为你在计划中的应急措施越充分，你实现计划的可能性就越大。

计划中应制定多少种应急措施呢？答案是"尽可能多"。然而，

在实践中，人们倾向于将（并设法保持）计划中项目进度、项目预算或预计总工作量的 10%~15% 作为应急储备量。

如何将应急措施列入计划中？有什么方法吗？总体来说，有 4 种方法，它们与第三章提及的 4 个因素相对应。

- **成果**：项目的可交付成果（项目目标）。
- **时间**：项目将在何时完成。
- **工作量**：项目中的工作量（人天，可以用它来做预算）。
- **质量**：项目中有很多工作要做，要确保你不仅能按时完成，不超出预算，而且要达到质量要求。

你可以通过 2 种方法为你的计划添加应急措施。这 2 种方法既简单又有效，无论单独使用还是综合运用，效果都很好。下面详细介绍这 2 种方法。

基于项目可交付成果的应急措施

一些项目要么收获满满，要么颗粒无收。就像在一个重要的日子，你按下启动按钮，亮起了一片绿灯，所有事项都顺利进行；也可能你按下启动按钮，却冒出了一团黑烟，除此之外什么也没有发生。对于第二种情况你会怎么做呢？

当然，如果能够避免这种情况就好了。你可以这样做：先交付给相关方一些成果，再交付一些成果，接着再交付一些成果。

下面说说这么做的理由。

- 你尽早开始解决项目中的一些问题，相关方就可以尽早从中受益。
- 如果相关方能尽早获得解决方案，你就可以试验一下，发现其中的错误或要求对方案加以改进。
- 失败的风险大大降低了。
- 可以减轻项目经理和项目团队的压力。

要做到这一点，最简单的方法是用"必须有"和"最好有"的概念。如果你可以识别核心成果，并将这些成果交付给相关方，让他们开始使用，你就可以发布这些成果，随后逐步交付其他成果。

"必须有"和"最好有"意味着向相关方交付了 2 次成果 / 发布 / 迭代。你可以根据需要设定交付频率。例如，你可以用 4 次迭代。

- 迭代 1——必须有。
- 迭代 2——非常重要。
- 迭代 3——很重要。
- 迭代 4——有了更好。

按时交付迭代 2 的成果并承诺在某个日期前完成迭代 3 的成果，相关方就会对你大加赞赏。有句话说得好，"承诺不足，交付有余"。相反，如果你承诺了迭代 3 的成果，却只交付了迭代 2 的成果，那么效果就会很糟糕。当然，这总比承诺了一切，最终却什么成果也交付不出来要好。

相关方喜欢迭代式交付，讨厌"大爆炸"式交付。如果你对相关方说："嘿，朋友，我的团队和我现在要离开一段时间，你会很长一段时间都见不到我们了。但下次见到我们时，我们会给你一个惊喜！"那么你很可能吓到相关方。

许多人只是将应急措施视为良好的项目管理实践而已，并不认为需要在计划中加入应急措施。事实正好相反，必须将应急措施明确纳入计划，相关方不会拒绝这么做。正如前文所述，他们很欢迎这么做。

不过，并非每个项目都适合这种迭代交付的做法。偶尔有一些项目成果要么全部交付，要么无法交付，但它们都是特例。大多数项目都可以采取迭代的方式，这么做会更好。因此，当你确定了项目目标，了解了项目范围，接下来就要思考是否可以采用分阶段或迭代的方式将成果交付给相关方。

下面是一个（有点不寻常的）示例。假定你在为一家慈善机构提供服务，你的项目是在 3 个不同的城市为该慈善机构建设 3 处场所（如临时中心），你可以同时启动 3 个项目，然后对它们进行并行管理。非营利部门的一个"老大难"问题来了（也是该项目面临的持续性风险）：预算要被削减。如果你选择让 3 个项目一起进行，预算突然被削减，你会怎么办？ 3 个项目可能都会失败。

你可以采取另一种策略。由于要花很长时间来完成诸如计划批准之类的事情，而且同时管理 3 个项目需要你投入大量精力，因此，你可以将精力和资金集中在一个项目上来实现目标。如果预算被削减，你至少可以实现一部分解决方案，而不会像之前所说的那样，一个项目都没做成。

如何做

做"什么"

1.（与相关方一起）检查你的项目是必须一次性交付的，还是可以迭代或分阶段交付的。

2. 如果可以通过一系列迭代来交付项目，就与相关方一起确定每次迭代要交付的成果。

3. 根据上一步相应地修改计划。

迭代或分阶段交付是一种良好的做法，也是在计划中加入应急措施的好方法。

设置应急储备时间

如果你经常在乘坐飞机之前预留一些时间，那么你就会了解这个做法。假设某个计划（未添加应急储备时间）从 1 月 1 日开始，到 8 月 10 日结束。之后，你告诉相关方，项目将于 8 月 31 日完成，那么 8 月 10 日至 8 月 31 日之间的三周就是你的应急储备时间。

有一个问题是你是否将这个信息告诉团队。关于这一点有两种方法。一种方法是不告诉团队截止日期是 8 月 31 日。不过，在这种情况下很可能会发生的事情是：时间久了，他们就会发现你总是"留一手"。

另一种方法，也是更好的方法是对团队做一个小演讲。"同事们，我们有一个项目。在这个项目中，我将与相关方约定在 8 月 31 日交付。但是，我们必须在 8 月 10 日之前完成。8 月 10 日至 8 月 31 日之间的时间是应急储备时间。如果我们在 8 月 10 日之前就完成了，我们在接下来的 3 周可以去海滩。如果我们到 8 月 10 日仍未完成，那么就别指望去海滩了。"

之后，如果有人提起 8 月 31 日，你就要"给他一巴掌"（不是让你真的伸手去打人），因为这样做的危险是团队将以 8 月 31 日作为截止日期来规划自己的工作。这样一来，用来解决突发事件的应急储备时间就没有了。

这种方法有很多优点：简单、直观，在你跟踪项目时非常有用。但是，它也有一个巨大的缺点，就是在项目结束前的 3 周——一大段留白时间，会引起人们的额外关注。它就像一个红肿的大拇指一样醒目。你可以想象到，一些相关方会要求你取消应急储备时间，并在 8 月 10 日之前完成任务，这一要求经常是无法避免的。

如果你预知这种事会发生，那么就可以把应急储备时间隐藏起来。在上述示例中，你可以这样做：将 3 周时间切开，在项目阶段中分别加入一些应急储备时间，那么相关方就不会过于关注这些较短的应急储备时间了。

如果你觉得还不够，相关方还会要求取消应急储备时间，则可以换另一种做法：给应急储备时间设计个名称，如"最终完成""归纳文档""整理"或"总结"。如果你处在一个有很多专业术语的领域，你就可以使用专业术语。例如，如果是一个软件项目，你就可以为应急储备时间起一个"更新面向对象的表格"之类的名称。事先要明确这些专业术语的含义，以防万一有人问你"更新面向对象的表格"是什么意思！

"何时"做

1. 根据你目前的计划来确定整个项目的持续时间。

2. 将项目持续时间的 15% 添加到项目的末尾。这就是你的应急储备时间。

3. 如果相关方不要求取消应急储备时间，你也感到满意的话，那么告诉团队必须完成的日期（最早结束日期），并告诉相关方你承诺的日期（最晚结束日期）。

4. 如果你认为相关方会要求取消应急储备时间，那么可以将应急储备时间切开，分别放入项目的每个阶段中。

5. 如果你认为相关方还会盯住这些较短的应急储备时间，就用其他名称替换掉"应急储备时间"。

最后要说的是，将应急储备时间与分阶段交付方法结合能够更好地完成工作。例如，你可以说有 3 个迭代，在每个迭代中，你可以设定以下内容。

- 最早完成日期——这是团队的目标。
- 最晚完成日期——这是你向相关方承诺的时间。

名人名言

如果你不积极应对项目风险，那么风险就会来骚扰你。

——汤姆·吉尔伯（Tom Gilb）

风险分析

要想使项目更具计划性，就要对项目进行风险分析，即确定项目将面临的主要威胁，并看看可以采取什么样的措施来减少或消除这些威胁。接下来介绍如何进行风险分析。

首先，就像在进行评估时一样，要让团队参与进来。和团队一起思考，并提出你能想到的、可能出现的所有项目风险。风险可能导致项目陷入困境甚至使项目脱轨。

其次，你要评估每种风险发生的概率。你可以使用不同的等级来划分风险发生的概率。例如，从 1 分至 10 分、从 1 分至 5 分或从 1 分至 3 分等。在下面的例子中，我们将风险发生的概率分为三个等级：3 分为高（很有可能发生）；2 分为中（有可能发生）；1 分为低（不太可能发生）。

之后，你要评估每种风险发生后所造成的影响。记得使用和风险概率相同的标准。同样，你可以用三个等级：3 分为高（如果发生这种风险，会有很大的影响）；2 分为中（如果发生这种风险，会有一定的影响）；1 分为低（如果发生这种风险，没有什么影响）。

将概率乘以影响，就得出了风险值，也就是你将面临的风险的高低。得出的数值越大，面临的风险越高。

团队可以一起讨论采取怎样的措施来降低或消除这些风险。这样做肯定会产生一些额外的工作，我们必须将这些工作也放在计划中，即放在活动清单中，从而进行处理，估算工作量，建立依赖关系，安排完成此工作的人员。反过来，这又会影响项目中工作量的相关计算。

最后一点，要定期（如每周或每两周）进行风险分析，以确保你所采取的措施能够降低或完全解除所面临的风险。随着项目的进行，新的风险还会出现。定期进行风险分析是一种有前瞻性的措施，它可以让你在问题变严重之前就对其进行预测并采取对策。

接下来我们将举一个风险及其对策的示例。对大多数团队来说，有一个相当大的风险就是：你把工作交给一个人去做，这时出现了一个新的项目或一个紧急情况，你的人被调走处理其他事情了。这个风险就是"人员流失"。这个风险发生的概率有多大呢？在大多数团队中，这个概率都相当高，所以将这个概率的分值设为3。这会对团队有影响吗？好吧，影响非常大。如果你失去团队人员，就会失去相应的工作资源，你的供需也会失去平衡，因此该影响的分值也是3。这样把概率和影响相乘就得出了风险值为9。

如何做

风险分析

1. 与团队一起提前预测项目将面临的风险。

2. 针对每种风险，按照其发生的概率进行分级。

3. 针对每种风险，按照其发生后产生的影响进行分级。

4. 将概率乘以影响，得出风险值。

5. 对于高概率风险（6~9分），要提前制定一些措施来降低或消除该风险，并将这些措施纳入项目计划中。

6. 每周或每几周进行一次风险分析。

要采取什么样的行动来解决问题呢？很简单，就是变更控制。记住，变更控制就是在以下3个可行方案中做出正确选择。

- 确认大型变更。
- 采取应急措施。
- 忍受。

对于"人员流失"这个问题，正确的选择就是第一个——确认大型变更。项目中的人员流失就是一个大型变更。你的上司或客户完全有权力安排他们的员工，但你也完全有权力告诉他们这样做将造成的后果。因此，你要采取的行动是，在你的团队人员被调走后更新计划，并告诉客户接下来会怎么样（第五章将对此进行更详细的介绍）。

等你把应急措施都纳入了计划之中，并做好风险分析之后，你才算准备好如何应对这些限制因素了。有一个叫作"如何在5分钟内评估一个项目"的方法，它很有用。让我们一起来了解一下吧！

5分钟内评估一个项目

如果你曾经看过有关医院急诊室的电视剧，那么你会熟悉这样一幕：急救车呼啸而来，车里躺着一个患者，急诊医生会对他做一些快速检查。医生要做的就是测量患者的"生命体征"，如体温、脉搏、血压、呼吸频率、疼痛感和瞳孔大小等，这些都是医生快速判断病人健康状况的指标。

正如人有生命体征一样，项目也有"生命体征"。通过判断是否存在一些情况，你就可以迅速判断一个项目的状态。对你来说，这似乎是一个非常简单的工具。它的确非常简单。但同时，它也非常强大。我的一个客户更是把它同时运用在了工作和生活中。他将其形容为"能够不断给自己带来惊喜的一份大礼"。你会发现，它适用于下述任一情况。

- 在接管一个已经开始的项目时。
- 在评估一个项目时。

- 在某人向你汇报项目时，你要评价项目是否进展良好。

- 在项目状态报告会议中，你要对项目进行评价。

- 在分包商提交项目计划时，你要判断其是不是一个好的计划。

衡量一个项目"生命体征"的工具被称为成功概率指标（Probability of Success Indicator，PSI）。你可以在项目进展中的任何时刻测算成功概率指标，它会告诉你项目成功的概率有多大。如果在项目刚开始时使用，它可以作为一个实用方法或检查单，在项目正式开始前衡量项目成功的可能性，从而阻止那些注定会失败的项目的启动。它还可以随时告诉你一个项目是否可行，并识别出项目注定要失败的危险信号。

接下来将介绍成功概率指标，为了使接下来的讨论尽可能切合实际，请假设你已经接管了下面这个项目，一个计划耗时 17 个月、目前已经进行了 11 个月的项目。大约有 250 人参与了这个项目。该项目对公司而言非常重要，因此公司任命了一位非常资深的管理者来负责。在这个项目中有很多活动，员工要开展长时间的工作。到目前为止，该项目的状况是否良好呢？

测算成功概率指标

测算成功概率指标是指通过以下标准对项目进行评级（每个

标准都设定了最高分）。

1. 目标是否明确？（占 20 分）这里的关键点是，当你去问每个相关方该项目目标是什么的时候，如果得到的回复完全相同，那么该项目目标就是明确的；否则就不是。当这项工作完成时，你会得到 20 分，因为你会确切地知道这个项目到底做了什么。一个处于早期阶段、目标尚未明确的项目，得分会很低。如果项目目标已经被合理地定义了，但还没得到项目相关人员的同意，那么这个项目将得到一个中等分数，可以在 0 分至 20 分之间选择。在前面描述的示例中你会发现，虽然计划在 6 个月内结束项目，但一些项目所需的要求并未达到。根据已完成与未完成的比例，该项目的分数为 14 分。

2. 是否有一份确定且详细的工作清单，其中每项工作的持续时间都被细分为 1~5 天？（占 20 分）没有工作清单就是 0 分。有粗略的工作分解结构可以得 2~3 分。如果工作被分解得非常详细，可以得 20 分，因为你已经有了一份详细的工作清单。根据工作分解的详略程度，在 0 分至 20 分之间进行选择。如果你在"目标是否明确"这一步的得分很低，那么当前这一步的得分也会很低。原因很简单，如果你都不知道要做什么，那你如何列出工作清单呢？在示例中，项目中有一部分做了计划，另一些则没有。没有具体说明的部分应该就是没有计划（基于现实而不是你的说法）。项目的 70% 有详细计划，就可以得到 14 分，这已经是很高的分数了。70% 意味着项目中的大部分计划都很详细。如果有 50% 的计划没有被细化，那么可以得到 10 分。

3. 在这个项目中是否有人每天都在引领所有工作向前推进？（占 10 分） 如果有这样一位领导者，并且这个人有足够的时间来做这个项目，那么就可以得 10 分，否则得 0 分。在该示例中，资历深的人还承担着其他职责。实际上，他有一份全职工作，所以他没有足够的时间投入这样一个大规模项目中。而且，他并没有真正重视这个项目。因此，这个项目实际上没有负责人，只是设置了一个负责人的职务，并没有人在做事，那么这一项只能得 0 分。

4. 所有的工作是否都落实到个人？这些人是否有足够的时间投入项目中？（占 10 分） 这是在检查项目资源能否达到供需平衡。如果没有任何人或没有足够的人来从事这项工作，那么这项只能得 0 分或较低的分数。还应考虑此项应与第 2 项（工作清单）所占比例保持一致。例如，第 2 项的得分为 14 分（共 20 分），那么同比来说，该项的最高得分则为 7 分（共 10 分）。在这个示例中，人数很多，有 250 人。问题是，如果我们还不完全了解（第 1 项和第 2 项）人们应该做些什么，那么我们能知道是否有足够的供给来满足需求？我们无从得知，因为只有 50% 的工作是明确的，对于剩下的工作，还不知道它们的需求是什么。这样一来，分数就不能高于 50%，所以只能得 5 分。

5. 计划中有应急措施吗？（占 10 分） 因为应急措施越多，得分就会越高。在示例中，如果没有计划（"有计划，吉姆却不知道"也应视为没有计划），得 0 分。

6. 做了实时风险分析吗？这些工作能降低项目计划中的风险吗？（占 5 分） 这 5 分用来评估是否能很好地识别和应对风险。一个有很多 6~9 级风险的项目（高风险项目）得分就低；而一个很少有 6~9 级风险的项目（低风险项目）得分就高。在该示例中，结果表明没有风险分析，因此得 0 分。

综合分析后，计算出该示例总得分为 29 分。下面让我们一起来看看这个分数的含义。

名人名言

可能出错的事情和不可能出错的事情的主要区别是，当不可能出错的事情出了差错时，它通常是无法补救的。

——道格拉斯·亚当（Douglas Adams）

成功概率指标中分数的含义

如果目标是错的，那么做任何事都是错的

如果目标错了，你会错过一次得高分的机会。你需要知道的是，这一切究竟是如何形成的？如果不知道该做什么，只列出一个工作清单来实施项目，显然是行不通的。同样，做记录看上去很有用，可以给相关方设定期望值。但如果你不知道该做什么，又怎么设定期望值呢？接下来要做的就是：每个人都设定好自己的期望值。此外，清单出错也让你会失去一个得高分的机会。如果工作清单有问题，那么第 3 项就无法进行，人员分配（第 4 项）、应急措施（第 5 项）和风险分析（第 6 项）也会失去意义。

这就能解释为什么项目目标模糊会导致失败。不是说它们的成功率低或为 0，而是根本就没有成功的可能。因此，如果未来的某天，你发现自己正在做这样的项目，那还不如去做其他对你的人生有意义的事，去学冲浪、弹钢琴或到慈善机构工作，因为一个目标模糊的项目是不会成功的。

40 分是个关键门槛

成功概率指标一开始会较低，然后随着项目的推进逐渐升高。开始时项目通常不会高于 40 分，这仅意味着在筛选（第 1 项）

和规划项目（第 2 项至第 6 项）时完成了更多的工作而已。但是，项目应该迅速超过 40 分，之后维持在 40 分以上。注意，并非所有的项目都一定是这样的，因为有些项目会被推倒重来——这是很可能发生的。例如，由于主要范围变更而导致项目失控。

低分会为你指出主要问题

低分与汽车仪表盘上的黄色警示灯有点相像。它会告诉你在项目中需要做的所有事情，只有改进这些地方，分数才会升高，进而"熄灭警示灯"，这些事情往往是最重要的事情。

缺乏计划会让项目无法实现目标

项目管理中有个布鲁克斯法则："向一个已经延误的项目投入更多人员只会让项目进度更慢。"本小节的标题"缺乏计划会让项目无法实现目标"可以看作对布鲁克斯法则的概括。如果你的项目遇到了困难，回头看看计划，但不要只是回头看一下就算了，如盲目要求别人努力工作。问题出在计划本身而不是计划的执行上。

既然如此，又该如何解释此前的示例中，在成功概率指标远低于 40 分的情况下，项目却能够完成计划的 2/3 呢？很显然，缺乏计划会让项目损失惨重，无路可走。它目前的状态显然没有成功的机会，同时还会导致预算严重超标。

要想挽救该项目，就要做到以下几点。

1. 重新为项目制订计划（计划里要包括应急措施和风险分析，这样就会将相应的分数提升至 5 分和 6 分）。

2. 用该计划重新设定相关方的期望值（这将是一次糟糕的经历）。

3. 制定明确的目标，这样就会将相应的分数提升至 14 分以上。

4. 有了明确的目标，接下来就可以完成详细的工作清单了，这样就会将相应的分数提升至 10 分以上。

完成了以上内容，人们就可以各司其职，共同实现目标。

如何做

计算成功概率指标

如果想快速了解项目的健康状况，请按照以下步骤展开评估。

1. 按照前面介绍的 6 个标准给项目打分。

2. 将分数累加得出总分。

3. 如果项目处于早期阶段且总分低于 40 分，则没有问题。低分项会提醒你该往哪些方面努力。

4.如果项目处于后期阶段且总分低于40分，就要格外小心。幸运的是，不管怎样，低分都能为你指出需要更正的地方，让你采取应急措施来挽救出问题的地方。

5.用 Excel 记录好分数，一周后重复做这个练习。在项目开始时可以画一个图，以展现成功概率指标的上升曲线。

推荐阅读

▶ 杰弗里·沃尔德（Geoffrey H. Wold）和罗伯特·施莱佛（Robert F. Shriver）在《灾难恢复杂志》（*The Disaster Recovery Journal*）上发表的"风险分析技巧"（Risk Analysis Techniques），是一篇风险探索方面的好文章。

▶ 斯蒂芬·贝克（Stephen Barker）和罗布·科尔（Rob Cole）合著的《卓有成效的项目管理》（*Brilliant Project Management:What the Best Project Managers Know, Say and Do*）是一本从更深层次了解项目管理的好书。

▶ 本·舍伍德（Ben Sherwood）的《幸存者俱乐部》（*The Survivor's Club: The Secrets and Science That Could Save Your Life*）是一本关于灾难及如何在灾难中生存下来的书。希望你的项目管理事业不会让你身陷灾难之中。本书有很多可供项目经理借鉴的内容，如适应力、抗压、逆境生存和绝地反击。

▶ 汤姆·迪马可（Tom DeMarco）和蒂莫西·李斯特（Timthy Lister）合著的《与熊共舞：软件项目风险管理》（*Waltzing with Bears: Managing Risk on Software Projects*）提供了很多有用的建议、技术和工具，这些实用方法并不限于软件项目，同样适用于其他领域的项目管理。

▶ **画龙点睛**

墨菲定律：如果你认为可能出错，那就一定会出错。

第五章

管理相关方的期望

本章主要内容

- ▶ 向相关方做出承诺

- ▶ 提出多个方案

- ▶ 基于事实进行谈判

- ▶ 如何应对"不可能完成的任务"

- ▶ 当你接受"不可能完成的任务"之后

- ▶ 压缩项目进度的技巧

向相关方做出承诺

现在，你已经制订了一个周密而详细的项目计划，接下来就要准备处理制约因素了。

一种可能是，项目计划和制约因素之间没有冲突。假定相关方对项目有以下几个要求。

- 截止日期为 9 月 30 日。
- 预算为 10 万美元。
- 不能再雇人。

你的计划是，项目将在以下条件下完成。

- 截止日期为 9 月 30 日。
- 预算为 9.85 万美元。
- 用现有的团队完成项目。

这的确是很快乐的一天，你的计划很可靠，包含了所有前文已讨论的乐观情境。

- 一个明确的目标。
- 用于评价的大量细节信息。
- 供给与需求匹配。
- 针对不可避免的意外情况制定了应急措施。

- 为防止意外发生进行风险分析。

你可以信心满满地和相关方说："没问题，我们可以完成项目。"然后，如第六章所述的那样开始实施你的计划。

唯一的问题是，这一乐观情境很少在项目中出现。通常情况下，更可能出现的情境是，计划与制约因素完全冲突。我们依然参考前面的制约因素。

- 截止日期为 9 月 30 日。
- 预算为 10 万美元。
- 不能再雇人。

而你的计划如下。

- 10 月 22 日才能完成。
- 预算为 12.1 万美元。
- 需要增加 2 人。

那该怎么办呢？

答案是，你要像车库里的机修工、外科医生、上门服务的水管工或任何其他聪明的专业人员那样做。你会想方设法地寻找完成项目的方法。当然，相关方有他们的制约因素和期望，但人们并不总能事事遂意。相关方的确会有其特殊的制约因素，但你要告诉他们什么是可行的，什么是不可行的。

提出多个方案

你可以把初始计划当作"香草计划"。如果相关方不喜欢香草口味，那没问题，你还可以提供其他口味，如覆盆子味、朗姆酒葡萄干味或草莓味。不仅如此，你的计划还可以包括味道合成器，即可以合成各种不同的口味。例如，相关方可能询问你是否可以提供香蕉加开心果口味。然后，你根据现有资源来判断是否可以提供这种口味。值得一提的是，你的计划只起到味道合成器的作用，它并不是无所不能的，也就是说，它无法做出某些特殊口味（也许不久后可以做到）。

首先要考虑的是如何合成相关方要求的口味，即做出选择和制订备选计划。这些可以通过项目管理中常见的 4 个因素来解决。如前文所述，这 4 个因素如下所示。

- 成果：项目的可交付成果。
- 时间：项目将在何时完成。
- 工作量：项目的工作量（人天）。
- 质量：项目中有很多工作要做，要确保你不仅能按时完成，不超出预算，而且可达到质量要求。

接下来将依次讲解这些因素。请注意，可以单独使用每个因素，也可以将不同的因素组合使用。

使用"成果"因素

当你试图提出一个能被相关方接受的计划时，首先需要考虑的是，你是否能在某种程度上缩小项目成果的范围。下面提供一些可行的方法。

- 你能在相关方要求的日期前或给定的预算内，提供项目的精简版吗？例如，你可以这么说："在预算之内，我们已经尽力了。如果能提供更多的预算，我们可以做更多的工作。"
- 你可以按照第四章介绍的分阶段交付或迭代交付进行成果交付吗？你能在相关方要求的日期前或给定的预算内向他们提供必需的成果吗？

如果仅使用"成果"因素，你会发现，虽然能让相关方接受的计划有多个版本，但你只需要一个就足够了。当你找到一个相关方愿意接受的计划时，就能开始下一步了。但是，其他因素也可以产生许多可能性。接下来将介绍"时间"因素。

使用"时间"因素

在制订备选计划时，人们通常不考虑"时间"因素，这不是一个好习惯，因为"时间"因素也可以产生丰富的可能性。

对于期限问题，我们有这样一种固定的思维模式，即"必须在这个日期前完成"。当然，有些项目确实有硬性规定的期限，如政府的税收制度变化和体育赛事等，它们的期限无法改变。

但是，有许多期限并不是硬性规定的，而是由上司或相关方任意要求的。因此，不要受限于这种思维，也不要认为所有的截止日期都是硬性要求且无法改变的。当然，也有一些例外情况，但在大多数情况下，我们都要进行确认。以下是一些注意事项。

- 如果你在年底（如 12 月 20 日、12 月 31 日）之前交付项目，相关方会在拿到项目成果后做下一步安排吗？也许会，但也许会像往年一样忙于各种业务或年底总结。事实上，直到新年后，他们才会着手管理项目的相关工作。那真是太好了！因为这样能给你提供更多的可能性和选择。

- 相关方通知你的截止日期是周六、周日，还是某个法定节假日？如果是这些日子，他们很可能没有合理地考虑时间，也就是说，时间仍留有余地。

- 如果相关方通知的日期含糊不清，如"到 10 月底"而不是"到 10 月 31 日"，这意味着其中有一定的灵活性。

- 对于一些国家（或文化），你在设置截止日期时要多加注意。例如，在法国，人们喜欢在 8 月去海边度假；在瑞典，7 月也是一个特殊的时间段。

- 还有一种情境是，你制定了应急措施以保证项目进度，却做了无用功，因为相关方并不需要你这么快完工。他们希望将原计划的截止日期延后，如果你延误了，他们也不会责怪你。

因此，不要把相关方给你的截止日期当作绝对法则。在很多情况下，截止日期可能是硬性规定，也可能不是。如果不是的话，你就有更多的机会来提供更多的方案，从而更好地开展项目。

使用"工作量"因素

在这里，"工作量"因素是指增加更多的人员，但在使用这个因素时要格外小心。请注意，我在第四章提到了布鲁克斯法则，即向一个已经延误的项目投入更多人员只会让项目进度更慢。一般来说，为项目增加人员并不一定能加快项目的进度。虽然这听起来有点儿不可思议，但如果仔细考虑一下，你就明白为什么会这样。

如果你为项目投入更多的人员，会发生什么？你需要招聘一些人员。在雇用新人之后，你要给他们分配任务，领他们入门，但他们要经历一个学习过程，需要有人对他们进行手把手的教学和培训，而这些会占用项目中原有人员的时间，因为培训新人十分费心费力。或许，当你考虑了这些因素后仍会为项目增加人员，但结果可能是：

- 效果甚微；
- 丝毫无效；

- 实际上可能减慢项目进度。

因此，当有人对你说"我会为你提供完成工作所需的一切资源"时，你要小心了，额外的资源可能无济于事。举一个我们熟悉的例子。如果 1 个女人要怀胎 10 个月才能生 1 个孩子，那么 10 个女人可以用 1 个月生 1 个孩子吗？

事实上，增加人员有时的确会有所帮助，你可以聘请具有专业技能的人员，他们不需要学习就可以立即开展工作。如果项目对工作技能的要求不高，那么随着更多人员的加入，确实能对加快项目进度有所帮助。

无论哪种情况，都可能有更多的选择、更多的可能性和更多的方法来让相关方对项目感到满意。但要注意的是，你并不需要通过为项目增加额外的人员来加快进度。相反，你可以在计划中增加额外的任务，并安排新人接受这些额外的任务，看看是否能够产生有益的作用。可见，计划实际上可当作项目的模拟器。

使用"质量"因素

当然，你不能在质量上做任何妥协！不过在这一前提下，你仍然可以做些工作。

你能缩短审批周期吗？等待上司或相关方审阅发言、文件，批准事项或做出决策是一件非常耗时的事情。这时，你应该询问相关方是否可以加快进程，并让他们清楚自己也是项目中的一员。计划不仅要让相关方满意，也要让项目经理满意。对你来说，这样做很好，因为相关方知道解决问题不仅需要你，也需要他们。

基于事实进行谈判

只要好好利用上述 4 个因素，你就有可能想出完成项目的整套方法。然后，你将这些方法提给相关方，供他们选择。任务完成！

需要注意的是，尽管相关方可能资历更深、位高权重、老谋深算，但只要你在谈判时基于计划中的事实，预估可能遇到的麻烦，就不会失败。

况且，你的权威性和专业性在于世界上没人比你更了解这个项目。你是这个项目的顶级专家，因此请明智地使用你的权力，不要让他人逼你做你不愿意做的事情。

如果基于事实谈判，会发生什么呢？在过去，相关方可能已经习惯你同意所有的事情，可现在你突然改变了。他们会高兴你找到了更好的方法来管理他们的项目吗？不太可能。

他们会做的第一件事就是质疑你的数据，他们想知道这些数据的来源，以及你是如何计算供给量和需求量的。你最好确保计算无误，否则你就会癞蛤蟆爬香炉——碰一鼻子灰。事实的确如此，因此，一定要确保计算正确。

此外，不要觉得对数据的质疑是人身攻击，不排除有些上司和相关方喜欢吹毛求疵，但这种情况十分罕见，大多数情况下，他们就像你一样，顶着巨大的压力，要以最少的投入取得最大的收益，完成上级安排的"不可能完成的任务"。因此，质疑你的数据并非人身攻击，他们只是在做好自己的本职工作而已。

假如你的数据无误，他们要做的第二件事就是催促你尽快启动。同样，这也不是人身攻击，他们只是在尽职而已，促使你努力改进现有方案。例如，2021 年 7 月 1 日开始的项目，你计划竭尽全力完成的日期是 2022 年 1 月 18 日，也就是说，该项目将于 2022 年 1 月 18 日交付。他们几乎肯定会问你是否可以在 2021 年年底之前完成该项目。

因此，你最好准备好答案。如果你让步的话，他们就会步步紧逼。如果再次让步，你就会知道结果会怎样：他们会一步一步哄你接受不可能完成的任务。所以，你知道了，你要进行谈判，要设定边界。你要说："到此为止了，不能更多了。"如果你想做得更好，就要事先准备好一些让步条件，这样会让你的上司觉得自己赢了，而项目仍在你的可接受范围内。

记住，上司和相关方是不会期待奇迹发生的。如果他们有所期待，那仅仅是因为你过去给他们带来了奇迹：你曾经接受了"不可能完成的任务"。上司和相关方要了解你是怎么做到的，他们应尊重事实，接受你对成功的承诺。

如何应对"不可能完成的任务"

你制订了计划，如果相关方对计划不满意，那么你可以提出备选方案，找到完成项目的其他方法。如果相关方接受其中一种方案，问题就解决了。然而，本章没有讨论当你试图为相关方设定期望时出现的另一个问题：相关方不接受你的任何方案。此外，他们一直坚持让你实现不可能完成的任务。或者说，他们在试图迫使你承担一项不可能完成的任务。

这项不可能完成的任务在你的计划中是无法实现的。换一种方式思考，不可能完成的任务就是供需不平衡的任务。需求太多（需要完成的工作太多）而供给不足（没有足够的人员来做这些工作）。但是相关方不在乎，他们仍然希望你实现目标。

有时，这些不可能完成的任务会夹杂在一些令人不快的对话中。例如，"不要给我带来问题，给我带来解决方案""如果你不做，我会找到愿意做的人""你变得不灵活了，你不是团队合作者""我们别无选择，我们必须这样做""这不是我们想要的态度""我们希望有能胜任的人"，"你不适合我们的组织文化——去做就好了"，诸如此类。也许你遇到过这样的情况。

必须说的是，有时，承担不可能完成的任务的压力可能完全源于你自己。你想向上司、同事、团队和相关方表明你有能力胜任该项工作。然后，上司肯定会说："项目完工日期非常有挑战性，但我们相信你是能够胜任的。"而且，在几乎没有任何人施加压力的情况下，你就说："好的。"

不管怎样，也无论你的动机如何，你被要求完成一个不可能完成的任务。你该怎么办？

这个问题的唯一正确答案是说"不"。意思就是你应该用事实说"不"。你应该完全按照前述内容来解决这个问题，确定一些可以实现的解决方案，让他们选择一个。这才是你该做的——即使你不得不进行谈判。要记住，你有这样的权利，因为你比其他任何人都更了解这个项目。

此时，你可能会对自己说："我无法想象自己对一个不可能完成的任务，向上司或相关方说'不'"。因此，我们还要进一步探讨这个问题。让我们看看当你接受了不可能完成的任务之后会发生什么。

当你接受"不可能完成的任务"之后

如果你对不可能完成的任务说"好的"，那么你就加入了一个由极少数人组成的精英群体——"魔术师"。魔术师，正如他们的名字那样，他们会变戏法。他们能够把看似不可能达到的供需平衡，用某种方法成功地实现。

如果组织里有"魔术师"这样的人，组织应该对他们爱护有加。组织应该给他们加薪、配股和利润分成，享有公司用车和大笔奖金，赠送他们生日鲜花和圣诞节礼物——因为"魔术师"能把不可能变成可能。想象你去面试时，坐在面试桌后面的面试官说："你是做什么工作的？"你说："我可以完成不可能完成的任务。"那么她会立即回答："在这里签名吧，你要多少报酬？"

但作为一个"魔术师"，必须探讨一个问题。想象一下，坐在剧院前排的人中，有你的团队、上司、上司的上司和其他相关方。现在，你走上舞台，站在他们面前，开始表演第一个魔术。你从帽子里掏出一只兔子。换句话说，你完成了一个小小的不可能完成的任务（轻微的供需失衡）。

这真是一个美妙的时刻。相关方印象深刻，你的团队会说："是他带领我们取得了胜利。"你的上司会轻声告诉他的上司："是我雇用了他。"而你的相关方也在为你鼓掌。你和你的团队付出了巨大的努力，你们每天晚上和周末都加班加点，而这一切似乎都得到了回报。

但是，现在你的问题来了，因为当你下一次上台，从帽子里掏出兔子时，已经不会再给任何人留下深刻的印象了。因此，你将不得不表演一个更令人印象深刻的魔术，从帽子里掏出一只更大的动物——你从帽子里掏出了一条小型犬（小猎狗），然后是一条中型犬（德国牧羊犬），之后是一条大型犬（爱尔兰猎狼犬）。接下来是骡子、驴、马、河马、犀牛、大象……你要从帽子里掏出越来越大的动物，也就意味着供需失衡变得越来越严重。

一旦你要和这些"庞然大物"打交道，就会发生一些有趣的事情了。第一，你开始认为自己已经找到了解决供需失衡的方法，破解了这些难题，觉得自己可以立于不败之地了。你会有一种感觉——"我能处理好任何事"。

第二，事情并没有像你变出小动物（轻微的供需失衡）那么简单。团队要么已经筋疲力尽，要么下一刻就要筋疲力尽了。为什么会这样？当然，这是因为普通的魔术师并没有高超的魔术，而只有窍门和把戏。这里也涉及一个窍门。你有解决供需失衡的窍门，是什么窍门？你从哪里找到多余的供给来弥补缺口？你只是让所有人延长工作时间来弥补缺口而已。这真是一个糟糕的窍门。

团队开始筋疲力尽了。你的上司和你上司的上司想知道为什么士气低落，或者员工流失率这么高。你的相关方也许最近才看到一些险些出错的迹象，事实上这些饱受质疑的巨大供需失衡问题一直伴随着项目全过程。

说到现在，还有一些真正的相关方没被提及。你可以想象他们坐在剧院的第二排。这些人包括你的妻子或丈夫、女友或男友、伙伴、室友、父母、兄弟姐妹、宠物——那些爱你并和你一起共度美好时光的人。但当要完成这些不可能完成的重大任务时，你就没有时间去陪伴他们。因为你要么在工作、思考，要么带着工作回家，或者给他们打电话说"我要等到很晚才回家"，或者取消原本计划一起做的事情，又或者跟他们说"在项目期间我不能休假"。

如果给你足够长的时间，终有一天，你会从帽子中掏出最大的哺乳动物——蓝鲸。当这一刻到来时，你认为一切终于结束了，你将达到项目管理事业的顶峰。这时，他们会为你提供一个有着宽阔视野的办公室，提供大笔薪酬，你基本不需要再做什么事情——你可以提前退休。你将成为公司的宝贵财富，你的主要任务是教其他年轻的魔术师如何把蓝鲸从帽子里掏出来。

当然，你知道这种事情不会发生。当你从帽子里掏出蓝鲸之后，相关方只会说："好吧，那你现在还能做什么呢？"鉴于没有更大的动物可以从帽子中掏出来，因此你将不得不寻找其他的戏法，比如"大锯活人"。当你要这么做的时候，相关方会被吓到。因为他们只知道你善于从帽子中掏出动物，却不敢相信你可以把一个大活人锯成两半。

一天晚上，你上台表演，一位女士进入箱子，你按下电锯上的开关。当你开始锯的时候，鲜血喷涌而出。

作为魔术师，你很可能遇到这样的问题，因为你迟早会遇到实际上无法解决的供需失衡问题。毕竟，供给量是有限的。一周只有 7 天，一天也只有 24 小时。

发生这种情况是非常糟糕的。你的团队会心灰意冷，他们所做的一切都是徒劳无功的，他们的名字也不会出现在任何地方。你的管理层想知道这一切是怎么发生的——为什么变得这么糟糕？还有一些相关方在一边说："我们现在要做什么？"这就糟透了。

通常，魔术师这时候会做的就是悄悄地消失。如果他就职于一家大型公司，也许他会躲在一个角落里。事实上，他更有可能换一家公司，当然得在对方还没了解他的名声前入职。他将在这里做什么？他会从之前发生的可怕事件中学到什么吗？

不，他不会。相反，他将再次玩那些低级戏法。从变出像小狗一样的毛茸茸的小动物开始，他会重蹈覆辙。

这是魔术师的问题，也是对不可能完成的任务说"好的"的问题。你是无法支撑下去的。或者说得更直白一点，你会越来越努力，并且迫使你的团队也越来越努力，但你会感觉自己在奔向悬崖。迟早有一天，你会从舞台上摔下来，把事情搞砸。还有比这更糟糕的结局吗？

如何做

将计划推销给相关方

1. 制订一个计划，看看它是否可以满足相关方的需求。如果可以，工作完成。

2. 如果相关方不满意，就要想出其他解决方案，即其他可以完成项目的方法。可独立或组合使用 4 个因素。

3. 取得相关方对项目实施方式的一致认可，这样才能完成工作。

4. 永远不要接受不可能完成的任务。记住上面第 3 项。

名人名言

母鸡是最聪明的动物，因为它只在下完蛋以后才高声炫耀。

——亚伯拉罕·林肯（Abraham Lincoln）

压缩项目进度的技巧

现在你知道如何成功管理项目了，是否可以再扩展一些有益的知识呢？如果你不仅可以成功管理项目，还能用最短的时间完成它，这不是更好吗？！

本章的许多内容都是关于满足相关方的需求的。这些需求从极具挑战性到完全不可能实现。

21 世纪，速度似乎已成为相关方最关注的方面。他们希望在尽可能短的时间内完成项目。

亚伯拉罕·林肯

亚伯拉罕·林肯（1809—1865 年）是美国第 16 任总统。他是最伟大的项目管理者之一，因为他能够设定和管理相关方的期望，并激励团队。林肯带领美国度过了四年可怕的内战时期，这场战争不是为了领土、征服、财富或战利品而战，而是为了一个想法。这个想法是美国要成为一个统一的国家，这是一个可以为之战斗和献身的想法（解放奴隶这个目标是在战争后期才出现的）。他能够一直坚持想法并激励人们，这是一项非凡的成就。

你已经知道，如果有任何机会做项目，必须先制订计划。制订计划会比火急火燎地临时抱佛脚更好。在计划上花时间会比没有计划获得更多的回报。如果你曾经听到有人说"我们没有时间制订计划，直接做就是了"，那么他们多半会搞错方向，然后项目很可能失败。

但是，正如之前介绍的，除了规划项目，你还可以做得更好。如果你能够尽快完成项目，就可以去做其他事情了。学习这些技巧将使你成为排名前 1% 的项目经理。

更快地实施项目是可以实现的。那么显而易见的问题来了：为什么人们不这么做呢？答案或许是以下几个因素的综合。

1. 大多数项目经理认为这实际上是不可能的。他们认为如果项目能够按时并在预算之内完成就已经够幸运了。

2. 相关方认为这实际上是不可能的。他们认为如果项目能够按时并在预算之内完成就已经够幸运了。

3. 没人知道尽早完成项目有何经济收益。

4. 项目规划不当。如果规划不当，则可能无法快速完成项目。

5. 快速完成项目并没有出现在《项目管理知识体系指南》中。

6. "我们现在做事的方式有什么问题吗"综合征。

7. 如果项目做得很快的话，人们就会担心遗漏一些重要的东西。

结果就是，人们根本不会尝试这么做。

如果项目可以更快地交付，能带来哪些收益呢？

- 降低成本和节省资金。
- 增加利润。
- 增加收益。
- 改善现金流。
- 赶在竞争对手前抢占先机。
- 更快地获得商业利益。
- 降低项目风险。
- 更高的团队士气、更高的工作满意度和所有美好的事情……

因此，接下来将介绍加快完成项目的 7 种技术。它们可以单独使用，也可以组合起来使用，可以用在一个项目中，也可以用在多个项目中。唯一的前提是，你要知道如何正确规划（尤其是评估）、跟踪和报告项目。这 7 种技术如下所示。

1. 基本技术。

2. 在一天内定义项目范围和制订计划。

3. 尽早评估完工价值。

4. 将计划做成职责分配表。

5. 为团队和相关方做任务简报。

6. 让每天都过得有意义。

7. 奥康奈尔定律。

现在，我将依次介绍这些技术。

基本技术

这是在所有技术中最简单、最浅显的技术。

- 询问员工是否可以在周末、节假日或新年之前完成任务，不管实际计划如何，先问问他们。
- 看看你是否可以获得全职员工而不是兼职员工。一个全职员工工作一个月会比他在两个月中各干半个月加起来更有价值（就加快项目而言）。同样是 1 人月的工作量，但上司更容易接受前者。

- 你可以同时处理多件事情吗？或者说让两件事情部分并行运行？例如，你能在工作 A 还没做完之前就开始实施工作 B 吗，而且在工作 B 需要依靠工作 A 的前提下？这倒是有可能。例如，你不必等到所有测试完成后才开始修复错误。
- 具体见第二章中对关键路径的描述。

在一天内定义项目范围和制订计划

为什么要在一天内定义项目范围和制订计划

你需要在一天之内完成对项目的研究和规划，哪怕是一个很大的项目。如果你无法在一天内完成，那该怎么办呢？有人这样做：

1. 识别需要解决的某个需求、要求或问题。

2. 在此基础上四处搜寻资料，然后针对需求编写建议书、商业论证或说明书。

3. 相关方对此进行审查，并将审查结果反馈给作者。

4. 不断更新文档，通过大量的电子邮件、电话、信息和会议来解决各种问题。

5. 不断重复第 3 项和第 4 项。

6. 大家对于要做什么达成共识。

7. 被相关方要求制订计划。

8. 收集资料，制订计划。

9. 该计划由部分或全部相关方进行审查，并将审查意见反馈给作者。

10. 不断更新计划，也许有更多的电子邮件、电话、信息和会议，特别是当相关方想要的与项目团队所说的存在差距时。

11. 不断重复第 9 项和第 10 项。

12. 在计划上达成共识。

在某些情况下，该过程可能需要数周、数月甚至数年的时间。

为了不这么麻烦，作为一种替代方案，你可以在一天之内完成项目范围的定义和计划的制订。

史密斯（Smith）和赖纳特森（Reinertsen）在《用一半时间开发产品》（*Developing Products in Half the Time*）一书中，将项目开始阶段称为"模糊前端"。他们说道："时间是一种无法替代的资源。如果浪费了一个月的开发时间，项目就永远无法挽回……但需要量化这个月因延误而导致的成本。开发人员的目标是找到以低于此成本获得时间的机会。这些大大小小的机会将出现在整个开发流程中。其中某个机会将成为缩短项目完成时间的'最佳场所'。在该处，我们始终能用最低的成本找到缩短项目完成时间的机会。我们将此开发阶段称'模糊前端'。这是一个非常模糊的区间，它介于何时知道机会和什么时候为项目开发投入大量资源之间。"

如果"模糊前端"是"缩短项目完成时间"的最佳阶段，那么在一天内定义项目范围和制订计划就是最大限度地利用这些机会的方式。

项目都有明确的起点和终点。我们要做一些事情，然后等待审查、批准或其他人提供建议等。在模糊前端，这些事情最为常见。每个人都认为自己有贡献，很多人都想露脸，也总有人觉得他们的建议被忽略了。同时，由于项目尚未真正起步，因此总会有很多事情需要马上完成。所有这些都可能让项目进入一个漫长且令人沮丧的时期。在这段时间，你要识别、确定并同意需求。你可以将所有事情整合成一个结果导向的、有效的活动，该活动被称为"定义项目范围和制订计划"。

该方法的优点如下。

- 可在一天内启动项目。项目在当天快结束时就可以开始了。没有比这更快、更经济的启动项目的方法了。
- 明确相关方的项目目标和需求，获得他们的认可或赞同。
- 在获得承诺的基础上进行准确的评估。

- 明确了解项目展开方式。

- 启动项目。

如何在一天内定义项目范围和制订计划

要让该方法有用，你就要做好两件关键的事情。第一件事情是你必须牢记需要在一天之内完成两个可交付成果：范围说明书和计划。另一件事情是你必须充分利用时间，在一天内完成这两个可交付成果。

具体步骤如下：

- 确定需要哪些人员参加为期一天的定义项目范围和制订计划会议。

- 在会议之前要有所准备。在此期间，与会者要为上述两个文档准备一些基本信息输入。他们将信息提供给你，然后你将其整合到文档初稿中。

- 在会议中，你担任主持人，另一个人担任记录员。任何能够参与或管理项目的人都可以促进会议进程。记录员需要知道如何使用 Word、Excel 和 Microsoft Project 等应用程序（或其他类似的应用程序）。在会议期间，你把与会者提供的信息加入文档中。

- 完成两个文档。将信息进行整理。

准备工作

识别在所定义的项目范围内有发言权的所有人员，包括那些不经常出现在组织结构图上的人，因为有些人可以轻而易举地影响其他人。

找一个大家都能聚在一起的时间。和大家讲明，越早准备好，就能越快地将项目提上日程。同时告诉大家你打算在一天之内定义项目范围和制订计划，这么做将促进项目更快地完成。你也要提醒大家事先做一些准备，这么做也能促进项目更快地完成。

在会前准备和会议期间，你要起草两个文档，分别是项目范围（目标）和项目计划。发送电子邮件给与会者，要求他们事先为每个文档做好准备。告诉他们准备时间不要超过半天，并设定在该时段内应达到的细节水平。

对于目标，你可以建议他们按照第一章介绍的方法进行目标设定，时间不超过半小时。

对于计划，请他们按照第二章介绍的方法为项目制订计划，用剩下的准备时间做计划。

给他们设定最后提交期限。截止日期应该是会前一两天。这样一来，你就有足够的时间整理两个文档草稿，将它们用作会议的起点。如果没有收到或仅收到部分资料，没有关系，你仍然可以在会中利用这些资料。

一天会议

迎接参会者。介绍自己和自己在会议中的角色，你将主持会议并按计划实施。介绍并说明记录员，他将记录整个会议过程，这样在会议结束时就可以将计划准备就绪。以下是一天会议的议程。

09:00—10:45　　以目标文档草案为起点，按照第一章介绍的方法设定项目目标。

11:00—13:00　　以计划文档草案为起点，按照第二章介绍的方法制订计划。在可用的时间内尽你所能。

13:00—13:45　　吃午餐。

13:45—15:00　　继续制订计划。

15:15—16:15　　按照第四章介绍的方法进行风险分析。

16:00—17:00　　和与会者一起阅读制订的计划，将任务安排给与会者。完成了！

如何做

在一天内定义项目范围和制订计划

1. 识别你需要的人。

2. 让他们在会议前做好准备。

3. 安排他们起草项目范围和计划草稿。

4. 按照上述议程开展为期一天的会议，最终完成两个文档。

5. 会议结束后，对文档进行整理完善。

尽早评估完工价值

人们常常认为项目无法提前完成，因此往往忽略了项目完成时间对财务收益造成的影响。一旦做了这些分析，你就会对结果感到非常惊讶。因此，做财务分析可以让人们有巨大的动力来尽早完成项目。

如表 5-1 所示，这是一个产品开发项目的简单利润模型示例。该表呈现了产品开发成本和预计实现的收益。

表5-1　产品开发项目利润模型

单位：美元

项目	输入	开发 Q1	开发 Q2	开发 Q3	开发 Q4	第一年 Q1	第一年 Q2	第一年 Q3	第一年 Q4	第二年 Q1	第二年 Q2	第二年 Q3	第二年 Q4
产品收入													
平均售价	*350*					350	350	350	350	350	350	350	350
市场规模						*40 000*	*40 000*	*50 000*	*60 000*	*80 000*	*120 000*	*120 000*	*120 000*
市场份额						*20%*	*25%*	*25%*	*25%*	*20%*	*15%*	*15%*	*15%*
单位销量						8 000	10 000	12 500	15 000	16 000	18 000	18 000	18 000
总销售额						2 800 000	3 500 000	4 375 000	5 250 000	5 600 000	6 300 000	6 300 000	6 300 000
产品成本													
单位成本	*50*					50	50	50	50	50	50	50	50
产品销售成本						400 000	500 000	625 000	750 000	800 000	900 000	900 000	900 000
毛利						2 400 000	3 000 000	3 750 000	4 500 000	4 800 000	5 400 000	5 400 000	5 400 000
毛利率						86%	86%	86%	86%	86%	86%	86%	86%
开发成本													
每位团队成员成本费用	*100 000*	100 000	100 000	100 000	100 000	100 000	100 000	100 000	100 000	100 000	100 000	100 000	100 000
团队人数		2	6	6	4	2	1	0.5	0.5	0.5	0.5	0.5	0.5
开发团队费用		200 000	600 000	600 000	400 000	200 000	100 000	50 000	50 000	50 000	50 000	50 000	50 000
销售费用	*15%*					420 000	525 000	656 250	787 500	840 000	945 000	945 000	945 000
管理费用	*5%*					140 000	175 000	218 750	262 500	280 000	315 000	315 000	315 000
总成本		200 000	600 000	600 000	400 000	760 000	800 000	925 000	1 100 000	1 170 000	1 310 000	1 310 000	1 310 000
盈亏													
税前利润（或亏损）		−200 000	−600 000	−600 000	−400 000	2 040 000	2 700 000	3 450 000	4 150 000	4 430 000	4 990 000	4 990 000	4 990 000
累计税前利润（或亏损）		−200 000	−800 000	−1 400 000	−1 800 000	240 000	2 940 000	6 390 000	10 540 000	14 970 000	19 960 000	24 950 000	29 940 000
总计税前利润（或亏损）	*29 940 000*												

注：斜体数字必须由用户输入。

建立了这个模型后，项目经理和相关方就可以尽早检验项目完成后的效果。例如，可以因为产品上市较早而给产品定更高的价格吗？能否抢占更大的市场份额？早日上市是否意味着产品生命周期得到延长？

举例来说，他们可以看到以下效果。

- 将项目开发时间缩短 3 个月。

- 每件产品定价 400 美元，而不是 350 美元。

- 假设市场份额增加 5%，并且增加一个季度的销售额，但销量可能会少些。

在表 5-1 中，项目周期压缩前的税前利润为 29 940 000 美元，项目周期压缩后的税前利润为 30 240 000 美元，增加了 300 000 美元。

同样，还可以进行与之相反的假设。如果项目延期交付会怎么样？如果延期超过 3 个月呢？结果自然是,将推迟 3 个月获得收入，也将继续消耗 3 个月的成本，最终导致税前利润从 29 940 000 美元下降到 24 350 000 美元，损失超过 550 万美元！由此得知，如果这个项目没有延期的话，会收益颇丰。

将计划做成职责分配表

有人说，管理电影项目的人应该是优秀的项目经理。他们拍摄一部电影，并按时交付既是艺术作品又是科学作品、在预算之内的高质量的产品。他们总能有预见性地做到这一切。因此，我们可以从他们身上学到很多关于如何正确管理项目的知识。

如果你听过电影人谈论拍电影的话，你就会经常听到他们说"这部电影拍了 79 天"。现在，你听到项目经理说："这是一个为期 79 天的项目。"更多的时候，你会听到他们说："这一周的时间去哪里了？我们实现了什么？"

如何让电影拍摄时间更短，这是电影人的关注焦点。这里有一个很简单的原因，那就是拍摄电影的费用十分昂贵，每天都花费不菲。因此，将拍摄天数尽可能地缩短，电影的制作成本就会降低。

因此，如果你想学习如何缩短项目开发时间或上市时间，就要了解如何解决项目中的问题。这个问题电影人早已经解决了。他们知道如何在最短的时间内开展项目。他们的关键手段非常简单，就是将所有事项详细分解到每天（比第二章介绍的 1~5 天要求更高）。

当电影人计划拍摄电影时，他们使用的就是"职责分配表"。用一个大型电子表格来制作职责分配表。表格中的各行代表拍摄日期，第一列列出了所有演员，从片酬最高的明星到片酬最低的小角色，其余列则列出了在对应的拍摄日期所需的所有东西，包括道具、特效、动物、特殊服务和设备等。在电影开拍之前几个月，有人看了剧本《目标的定义》，并为该电影创建了一个职责分配表。职责分配表实质上显示了团队里的每位成员在这个项目进展中的每一天都要做些什么。你知道他们的做法了吗？

因此，如果你想完成你的项目，就要做到以下几点。

- 用最短的时间。
- 成本尽可能低。
- 尽量减少延误和浪费。

将计划详细地分解到每一天，并记录在职责分配表上。表 5-2 展示了一个职责分配表的示例。

名人名言

时间不等人。

——本杰明·富兰克林（Benjamin Franklin）

表 5-2 职责分配表示例

周	天	日期	查理	工程师 2	工程师 3	营销人员（3）	行政助理
1	1	2021 年 8 月 9 日	项目启动	项目启动	项目启动	项目启动	项目启动
	2	2021 年 8 月 10 日	6 收集竞争产品的信息（0.5 天） 8 识别用户（0.5 天）				
	3	2021 年 8 月 11 日	9 准备用户问卷				
	4	2021 年 8 月 12 日	9 准备用户问卷				10 分发用户问卷
2	5	2021 年 8 月 15 日	7 市场营销汇报			7 市场营销汇报	11 检索问卷数据
	6	2021 年 8 月 16 日	12 信息数据分析				
	7	2021 年 8 月 17 日	13 编写需求文档				
	8	2021 年 8 月 18 日	13 编写需求文档				
	9	2021 年 8 月 19 日	13 编写需求文档				

续表

周	天	日期	查理	工程师 2	工程师 3	营销人员 (3)	行政助理
3	10	2021 年 8 月 22 日	13 编写需求文档				
	11	2021 年 8 月 23 日	13 编写需求文档				
	12	2021 年 8 月 24 日	13 编写需求文档				
	13	2021 年 8 月 25 日	13 编写需求文档				
	14	2021 年 8 月 26 日	13 编写需求文档				
	15	2021 年 8 月 29 日	13 编写需求文档				15 传递文档
4	16	2021 年 8 月 30 日	17,18 审核会议/文档更新（包括再次分发）			16,17 单独复查（每个 1/2 天）和复查（1/2 天）	
	17	2021 年 8 月 31 日	18 文件更新				
	18	2021 年 9 月 1 日	18,19 文档更新（再次分发）				
	19	2021 年 9 月 2 日	20—22 二次审核/签收/完成需求（1/4 天）			20~22 二次审核/签收/完成需求（1/4 天）	20~22 二次审核/签收/完成需求（1/4 天）
5	20	2021 年 9 月 5 日	58 原型	58 原型	58 原型		

为团队和相关方做任务简报

任务简报的想法取自那些与第二次世界大战中的轰炸任务有关的黑白电影，轰炸机飞行员按照计划实施任务。任务简报的目的是带领团队一步一步地完成项目计划，以及要求他们寻找缩短项目完成时间的机会。他们一定会提出一些好的想法。

尽管相关方不太可能找到缩短项目完成时间的机会，但任务简报是向他们传达为何要这么做的一个好方法。

让每天都过得有意义

在弗雷德里克·布鲁克斯写的《人月神话》一书中，作者提出了一个问题："项目是如何延误的？"答案是："项目每次延误一天。"那么，这个项目是否能每次提前一天呢？如果你对每天进行合理分配，让每天都有意义，你就会发现，随着项目的进行，缩短项目时间的机会就会显现出来。你可以按照以下 8 个步骤进行。

1. 如果今天可以完成，就不要留给明天。采取"我今天可以完成此项工作吗"的态度。

2. 鼓励每个人提升对扩大项目范围的敏感度。

3. 如果团队成员发现自己在等其他人，请向他们发出警告。

4. 如果团队成员意识到有可能出现延误，请尽快将其标记出来。

5. 保持"舞蹈卡"处于最新状态。这样，人们就会知道资源是否已经过度分配。使用"舞蹈卡"可避免一开始就过度分配资源。

6. 如果团队成员可以提早开始工作，那就提早开始。

7. 如果他们可以在不影响质量的前提下提前完成工作，那就提前完成。

8. 如果可以使用更简单或更快速的方法来交付项目成果，那就使用这种方法。

奥康奈尔定律

奥康奈尔定律是指，一旦团队发现自己比计划提前了，就会设法比计划更提前。虽然这种情况不常发生，可一旦发生，就会收获极好的效果，因为如果你有一次可以提前完成计划，那么你就将获得雪球效应——团队希望进一步前进。如果你能获得一次牵引力，就可以使用上述任何一种方法来提前完成项目，这样一来，你会发现提前完成项目的机会大大增加了。

推荐阅读

▶《如何坚持不受欢迎的进度表》（*How to Defend an Unpopular Schedule*）是史蒂夫·麦克康奈尔（Steve McConnell）撰写的一篇文章。史蒂夫撰写了多部软件项目管理书籍。虽然该文章是关于软件工作计划的，但是内容是通用的。

▶ www.helium.com 包含了一些关于如何管理相关方期望的实用文章。

▶《谈判力》（*Getting to Yes*：*Negotiating an Agreement Without Giving In*）是罗杰·费希尔（Roger Fisher）和威廉·尤里（William Ury）合著的一本关于谈判的好书。如果你喜欢本章所述的基于事实进行谈判的做法，那么这本书将为你提供更具深度的方法，并有助于培养你的谈判能力。

▶ 劳伦斯·里奇（Lawrence P. Loach）著的《关键链项目管理》（*Critical Chain Project Management*）一书读起来可能有些难度，但是如果你对缩短项目完成时间和上市时间、在最短时间内完成项目感兴趣，那么我强烈建议你读一读这本以才华横溢的管理学家艾利·高德拉特（Eli Goldratt）的成果为理论基础的书。

▶《如何在网络时代运行成功的项目》（*How to Run Successful*

Projects in Web Time）是我写的另一本书。该书除了标题，实际内容与网络工程项目并没有太多关系。更确切地说，它讲的是如何利用电影业的做法来缩短项目完成时间。

▶ 如果你想更快地完成项目，推荐你看普莱斯顿·史密斯（Preston G. Smith）和唐纳德·赖纳特森（Donald G. Reinertsen）合著的《用一半时间开发产品》（*Developing Products in Half the Time*），这是一本很棒的书。

▶ 画龙点睛

不要对不可能完成的任务说"好的"。如果你这样做了，你的项目注定是一个悲惨的项目，迟早都会以失败收场。

第六章

跟踪和报告项目状态

本章主要内容

▶ 运用计划驱动项目实施

▶ 管理人员

▶ 运用不同的管理风格

▶ 处理问题员工和棘手情况

▶ 项目经理的日常工作

▶ 如何编制状态报告

▶ 项目经验教训总结

▶ 项目失败的 12 个最常见原因

▶ 拯救项目

运用计划驱动项目实施

综合第一章至第五章的内容，你要做的就是：

（1）制订一个切实可行的计划。

（2）告诉相关方要交付哪些工作成果，不交付哪些工作成果。这样相关方就知道项目是如何开展的了。

项目开始后，你要做两件事：

（1）更新计划。

（2）再次告知相关方更新后的计划。如果你的目标是让相关方满意，就要在做出任何决策之前都考虑他们的利益。

名人名言

无论你相信与否，事实都一样存在。

——菲利普·迪克（Philip K. Dick）

如前所述，计划是项目模型。换句话说，你可以从计划中看出实际项目要达成的期望效果。为了确保项目实施能反映计划，在项目开展过程中，二者要保持同步。从另一个角度来说，计划是用来驱动项目实施的利器。

管理人员

在项目中，你要管人。管人是项目管理中最难的环节。虽然本书不提供管人的方法，但是可以给出一些指导意见。以下讨论如何处理问题人员和棘手情况。

可以说，每个人都有自己"天生的"管理风格，这是由人的个性决定的。有些人善于放权。俗话说："疑人不用，用人不疑。"换句话说，如果你给人们安排了工作，那就放手让他们去做，相信他们能做好。有些人喜欢手把手式管理。这种类型的项目经理，只有通过事无巨细的安排，才感觉项目受控并按计划开展。究竟哪种方式对呢？

放手式管理似乎是一个不错的方式，可以让项目人员充分发挥主动性和创造性。但是采用这种管理方式可能出现工作做了很久之后才发现问题的情况。

相比之下，手把手式管理似乎更安全、更保险。但在这种事无巨细的管理方式（也许是迫不得已采用的方式）下工作，项目人员可能承受了巨大的压力。

究竟用哪种方式合适？当然，并不是每个人都适合同一种管理风格。无论你的个性使你本能地采取哪种方式，在管人时，灵活应变才是正确的选择。下面提供一些灵活应变的方法。这些方法能让你知道手把手式管理的适用范围和"大忌",同时也能让你意识到放手式管理的不足之处。

当分配任务时,你可以采用简单易行的方法对任务进行分类,可查看第三章"发挥团队的优势"。这个方法显然有点儿片面,但能提供分类标准,可以在你面对不同的情况时,告诉你运用哪些合适的管理风格。请牢记以下分类标准。

1. 超级明星。

2. 好公民。

3. 不向我汇报工作的人。

4. 职场新人。

5. 没有可得性的人。

6. 无法胜任工作的人。

下面告诉你如何根据不同的情况采用合适的管理风格(请忽略个性对你的影响)。

运用不同的管理风格

1. **超级明星。**最好放手让他们去做。事无巨细地管理这种人会：（1）引起他的不快或恼怒；（2）完全是浪费你的时间。让他们独立完成任务。当他们完成任务时会向你报告。这并不是说对他们的工作完全不闻不问，而是可以问一些类似"这周末你打算做什么"或"你昨晚看比赛了吗"这样的问题。把工作交给他们来做是十分安全的。

2. **好公民**。和他们一起工作你不会感到负担过重。你可以监督他们的工作，但要注意把握分寸，不要事无巨细。下面是你把握分寸的技巧。假设他们工作 3 天，分别为周一、周二和周三。你可以在周一工作结束时候检查他们的工作进展。你希望看到两个结果。（1）工作取得了一些进展，可能是已经加工了 5 个产品，还有 15 个产品需要加工，或者写了文件的第一部分，诸如此类；（2）他们制订了工作计划。他们会说："我打算在周三早上完成工作，因为周三下午我有别的事情。"如果他们取得了一些进展或制订了计划，安排了自己的工作，你的工作负担便会减轻。同样，如果他们没有完成工作或没有计划，你可以提出一个工作计划，并告诉他们你会在周二午餐时间检查工作进度。（应用这个方法时需要一些技巧。有时要推他们一把，有时要放手让他们独立完成。）

3. **不向我汇报工作的人**。看上去你拿这类人没什么办法，实际上却恰恰相反。在项目开始之前，你首先要做的是评估工作。让项目人员参与到评估工作中。如果你事先知道他们非常忙碌或压力很大（也许正好相反），就要对他们进行评估。他们能够胜任这份工作吗？可以信任他们的承诺吗？把你的计划告诉他们，并且告诉他们不能兑现承诺的后果。然后，当项目快开始时，你要提醒他们项目即将开始。你可以发个提醒通知，也可以在餐厅或走廊与他们面谈。然后，在项目开始的前一天，你要发邮件询问："各位准备得怎么样了？有什么需要吗？"只要能够提醒他们，任何内容都可以（你也许会对自己说："我不应该像保姆一样时刻叮嘱他们。"然而，在项目管理中，为了保证工作顺利完成，有时你不得不充当保姆的角色）。但是，这能保证他们完成任务吗？当然不能。如果情况不顺利，就要再次通知他们，重新安排项目时间，并且明确告诉他们，不遵守工作承诺给项目造成了多大的不便。如果后果很严重，则有必要将这件事写入项目状态报告中。若他们再次失信，把这个情况以某种方式报告给他们的上司和你的上司，让他们知道事情的严重性。你看，对于这类人，你还是可以采取多种解决办法的，而不是束手无策。

4. **职场新人**。这类人需要你进行事无巨细的管理。若采用放手式管理，会产生很多问题，不仅如此，这还意味着你没有负起责任，对待一个没有经验的职场新人，你不能对他们的工作情况置之不理。职场新人需要项目经理手把手地指导，培养他们的工作能力，开展培训课程，并能够时刻关注他们的表现。管理者还要密切跟进他们的工作。当他们出现问题时，管理者应通过纠正错误、分享自己的经验来指导他们，让他们尽早成为对项目有用的人。到那时候，管理者就可以放手让他们独立完成工作了。但要注意的是，如果他们不能完成工作任务，要在"工作报告单"中反映出来，同时密切跟进他们的工作。

5. **可得性低的人**。对于这类人，你本以为他们能够完成你分配的工作（满足你的需求），事实证明并没有。为此，你要么亲自完成这项工作，要么找其他人来完成，或者不得不接受工作空缺。这些需要花费你很多管理精力（采用放手式管理方式除外），直到你解决问题为止。如果项目人员被安排了很多其他任务，没有时间来完成项目工作，就会造成严重的供需不平衡。你得去解决这个问题。这就需要采取手把手式的管理方式了。

6. **无法胜任工作的人**。遇到这类人，你会面临两个问题。第一个问题是：你将如何完成这项工作，以及如何找到供给来匹配需求？第二个问题是：针对这类人，你要怎么做？你会遇到"问题员工"，或者遇到棘手的情况。下面将讲述如何处理这两种情况。

处理问题员工和棘手情况

具体来说，棘手情况就是当你为一些人安排了工作后，他们把事情搞砸了。在这种情况下你要如何处理？以下 4 个步骤可帮助你处理这些情况。

步骤一：思考问题出在哪里

你首先应思考问题出在谁的身上。是你还是他们？先自查，你有清楚表达你的要求吗？你有回答他们的问题或阐明你的要求吗？你有给他们提供资源（如人力、设备、材料、培训和支持等），让他们更好地完成工作吗？你为他们安排的是其能力范围之内的工作吗？如果你对以上几个问题不能理直气壮地回答"是的"，那么若他们没有完成工作，你也不应该感到惊讶。承认自己的问题吧！将问题归罪于他人太常见了，或许问题就是从你开始的。如果问题出在你身上，改正它，看看会发生什么。问题或许就迎刃而解了。

步骤二：提出改善计划

如果问题仍然存在或一开始错不在你，你就要提出改善计划。这个改善计划包括你、公司或项目人员所采取的行动，以及时间表（截止日期不要太过遥远，最多几周）。你和公司可以做一到两件事情，如"组织培训"或"加强监管"等行动，剩下的大部分工作交给团队成员来完成。换句话说，他们的职责就是改善工作，这样问题就能解决了。若还不能解决，请看步骤三。

步骤三：制订"极限版"改善计划，限期整改

从根本上说，"极限版"改善计划是对项目人员下的最后通牒，敦促他们赶快采取行动，改善工作，否则就要遭受处罚了。这样问题就能解决了。若还不能解决问题，请看步骤四。

步骤四：采取处罚措施

他们要倒霉了！你可以选择取消他们的项目成员资格或解雇他们。实际上具体处罚措施取决于你所在的组织类型（公共部门，还是私人部门）和企业文化。此外，人力资源部门实际上也会参与到步骤三中。当然，每个步骤的所有操作都应记录下来。

项目经理的日常工作

项目经理日常工作清单是一个跟踪项目进度和更新计划的简便又高效的方法。制定日常工作清单有很多优点，对执行项目来说也非常重要。其优点包括以下几个。

- 让你可以随时检查项目状态。
- 有助于推进项目实施。
- 指导你解决项目中的紧急问题。

- 能够让你记录项目实际执行情况，并与计划进行比较。充分使用该方法可以提高评估水平。

- 能够加强对项目变更的控制。例如，当项目有变更时，能够做出正确的选择。

最后一个问题是，有必要每天都制定"项目经理日常工作清单"吗？接下来回答这个问题。

项目会议

很多人认为大多数项目会议都是在浪费时间。会议变成了纸上谈兵。会议成了重要人物发表自己意见的地方；或者会议中的大部分时间都花在讨论项目技术问题上，多数成员对此没有什么兴趣；或者项目团队一直在会议上为他们缓慢的进度进行辩解；或者他们试图暗示尚未并未取得的进展。

如何做

项目经理日常工作清单

1. 从上到下查看计划，并确定今天需要完成的任务。

2. 这些是你今天在该项目中要做的事情。

3. 完成这些任务。

4. 对于每个已完成的任务，要在计划中记录结果（实际工作、实际起止时间、实际持续时间）。可以将这些内容放入甘特图。你项目中的任何任务都应被视为以下两种状态之一：已完成或未完成。不应使用完成百分比或"90% 完成"或"快完成了"之类的描述，因为任务已分解到了非常详细的程度，每个人都知道自己当天应该做什么。但如果一个"小任务"长期未完成，应当引起你的重视，因为这个"小任务"显然不像每个人想象的那么小。

5. 对于项目中发生的每个事件（意外事件），要确定其是不是一个重大变更。以下所有内容均应被视为重大变更。

a. 变更项目范围（需求）。例如，"我们不想要杯子，我们想要一个游泳池"。

b. 变更资源（供给）。例如，"我们无法安排两个测试工程师"。

c. 假设被证明是不正确的。例如，假设我们需要完成 50 个小部件，但是现在发现我们需要完成 100 个。

d. 如果发生重大变更，请完全按照第五章描述的那样，根据新情况修改计划，并提交给相关方。然后相关方会做出选择。他们可能选择接受新的计划、期限、资源、成本，以及所有其他方面的内容。在这种情况下，新的计划将成为你新的工作内容。他们也可能不想采用新计划。这意味着有关范围、资源或假设的决策将被推翻，而要维持原计划。

6. 对于不是重大变更的事件，要么使用应急措施进行应对，要么做更多的工作去解决。

7. 检查日期和预算是否已变化。如果没有，那么这个项目就是按计划进行的。如果变化对你有利，什么也不要说。如果变化对你不利，就是一个警告信号。个别不利的条化可能不会成为问题，因为你可以在下次开展日常工作之前纠正它们。但是，如果在日常任务中连续几次出现偏离方向的错误，则说明有问题了。不管怎样，你需要将结果状态传达给相关方。

应该多久召开一次项目会议？在大多数情况下，每周一次最佳。在某些情况下，你需要更频繁地召开会议。举例来说，有个关键项目必须在某天上线，目前距离上线只剩几周时间，你希望每天都召开例会，以确保在达成目标的过程中不会出现失误。你可以灵活调整开会频率。当会议开始变得没有意义时，你就该减少召开会议的频率了。当项目发生大量失误时，你就需要召开更多例行会议。

如果要召开项目会议，那么每个成员都应该知道会议目的，这很重要。通常，会议有 3 个目的。

1. 从团队中收集项目进度信息，以便准备状态报告。

2. 处理项目中的任何问题。

3. 确保每个成员都知道下一步的工作。

为每件事分配时间，形成日程表。牢记一点，你要做的不只是排在日程表上的事情。日程表中列示的是要做的事及分配给每件事的时间。第五章的"在一天内定义项目范围和制订计划"部分有个示例。

为了从团队中收集项目进度信息，请依次对每位成员进行检查，看看他们是否已经完成了这段时间内规定的工作。如前所述，任务的状态没有第三种可能性——只有"已完成"和"未完成"。这将显著降低员工工作散漫的可能性。

再看一遍收集的信息，看看是否有任何问题阻碍了项目进度或对项目造成了障碍，并加以解决。另外，要求所有成员计算项目成功指标。通过得分情况来探究问题。

第三次看看收集的信息，让每个成员说出他们接下来的计划。让他们确认自己是否已获得了所需的一切，并且考虑了与团队其他成员的依赖关系。

最后，询问团队成员是否还有其他事务。如果有，就马上处理，然后你就可以离开了。有一种观点认为，实际上根本不需要召开项目会议：如果你已按照所描述的详细程度制订了计划，按照刚才的说明正确地跟踪了计划进度，而且每个任务只存在两种状态之一（已完成或未完成），那为什么还要开会？作为项目经理，通过开会，你可以广泛收集人们已经完成的任务，而这就是你要做的。注意，召开会议要有价值。你不能用与他们不相关的会议来束缚他们。他们要花费大量时间在完成项目任务上——这才是他们应该做的。

名人名言

"尝试"只是"没有进展"的借口。

——沃伦·本尼斯（Warren Bennis）

编制状态报告

确定项目状态后，你需要将其传达给相关方。你对项目进度100%了解，但它们是你与相关方交流的信息吗？

绝对不是！项目中正在进行的一些事情，你永远都不希望相关方知道。这就对你向相关方传递信息提出了一个要求：你应该将过滤后的信息传达给相关方。具体而言，你提供的内容应像下面这样。

- 如果一切顺利，你也从状态跟踪中了解到这一点，你需要将这些告诉相关方。但是，你不会异常兴奋地对相关方说：

"我们可能会提前 3 个月完成。"相反，你只会说："我们很好。如有问题，我们会尽快与你联系。"

- 同样地，如果情况很糟，你想将这个情况告诉相关方。但是，你不想突然告诉他们坏消息，你不想让他们的心情突然跌落谷底。如果情况开始向最坏的方向发展，你可以提前让相关方为此做好准备。因此，当你最终不得不告诉他们进度将推迟或预算即将用完时，他们已经为此做好了准备，也许已经开始制订新的计划。因此，可以想象，即便一个项目从日期和预算的角度看出现了非常严重的问题，但是你仍然可以令相关方满意——如果你像刚刚描述的那样温和地处理。你的目标就是做到这一点。

　　关于状态报告，还有一件事。你可能看过《呆伯特》漫画系列。其中有一个情节，呆伯特和他的同事们正在开会。上司说："让我们坐下来汇报一下每个项目的最新进展。"呆伯特说："我的项目是一连串拙劣的计划和毫无章法的行动。我的生活就是一场绝望的悲剧。"上司说："说事情进展顺利基本上是人们的一种习惯。"呆伯特说："我认为我需要一个拥抱。"上司说的话非常真实，人们习惯说事情进展顺利。这就是你看到和听到的大多数状态报告的常规做法。让我们看看其中一些做法，首先是口头上的。

　　当询问进展如何时，你会被告知"很好""很棒""一切正常""一切都在控制之中"，或者令人恐惧的"我们完成了

90%"——这通常意味着人们已经用完了 90% 的时间，而不是已经完成了 90% 的工作。

然后，你会拿到书面状态报告，上面写着"上周已经完成的任务""下周计划完成的任务""完成百分比"和"关键问题"等，充斥着大量数据而不是信息。因此，如果你要编制状态报告，内容要有价值并且真实。接下来将告诉你如何编制状态报告。

如何编制状态报告

你需要分 3 个层级编制状态报告。层级 1 提供少量关键信息，层级 2 增加了更多细节，层级 3 提供了几乎所有内容。

层级 1

我们是否达到目标了？我们是否能如期完成？如果你只跟踪进度，那么你只需要知道这两个问题的答案。如果你还要跟踪预算或工作量，那么你还需要看它们是否达到了目标。

你可以用"交通信号灯"法编写报告。绿色表示你已制订了计划，正按计划执行。黄色表示与计划有所偏离，正在采取行动让项目重回正轨。红色表示计划失效，要重新规划。

要添加到层级 1 的唯一一件事，也是你能想到的一件事，就是"我需要帮助"——此处的问题你无法控制或没有得到授权去解决。你需要上司或其他相关方的帮助，从而获取资源。或者在项目中存在一些你无法消除的障碍，你需要一些帮助来消除它。又或者你需要一个决策，你不在乎它是什么，只要它是由相关方做出的决策即可。

以下这些情况也应被放入层级 1：

- 什么——问题；
- 行动——我想做的工作；
- 谁——谁要做这些工作；
- 截止日期——必须完成的时间；
- 威胁——不完成引发的后果。

例如，你会说："在 7 月 31 日前，我需要 2 名测试工程师。我的上司能够安排这些资源。如果他们在 7 月 31 日之后才能到位，那么项目就会顺延。"（没什么比威胁更能令人集中精神了！）

层级 2

许多状态报告中往往缺少项目历史记录。如果你不提供历史记录，那么相关方将提供自己的历史记录。如果发生这种情况，他们的历史记录将对你不利。例如，假设一个项目本来打算在 9 月 21 日完成，而现在看起来会在 11 月 29 日完成，相关方会怎么想或怎么说呢？几乎可以肯定的是，他们将开始谈论这个"延误"。

因此，为了避免出现这种情况，你要向他们解释完工日期。你（而不是其他人）需要准备历史记录并解释项目是如何变成现在这样的。下面将讨论如何对进度进行说明（如果要跟踪预算或工作量，那么你也可以对这些方面进行说明）。对于进度，你会说：

- 这是原来的。
- 这是现在的。
- 这是变更（你可以在进度表上记录每次变更，并说明变更的时间和原因）。

层级 3

最后，在层级 3 中，你可以提供所有你认为有用的信息，包括：

- 计划（如甘特图）。
- 最新的风险分析。
- 务必列出"上周完成的任务"，这么做有利于团队士气和向相关方展示进度。
- 列出"下周计划的任务"也不错。这么做可以提醒团队，虽然这周过去了，但是下周仍需继续努力。

弗雷德里克·摩根

弗雷德里克·摩根（Frederick Morgan）中将是"霸王行动"（Operation Overlord）的策划者，该行动是为了在第二次世界大战中抵御德国对欧洲西北部的入侵。该项目的最终目标是摧毁德军并战胜德国。摩根必须做出让步，以确定完成这项任务所需的人力和物力。由于从未发生过如此大规模的两栖攻击，摩根及其伙伴必须策划好行动细节。该计划起草于1943—1944年，当时摩根在伦敦西区一家商店的房间里工作。他经常与一名军事助手一起去马里莱波恩宾馆，与那里的住客针对"在海峡发动袭击"这一问题进行辩论。他想知道普通老百姓的想法。他说："提出合理意见的人并不一定是拿了报酬做这件事的人。"

你可以在每周即将结束工作时发送状态报告。本章前面介绍了用"交通信号灯"法编写报告，此处介绍一下用 SAS 法编写报告。SAS 即 Send and Scarper 的英文缩写，译为发送和离开。你可以在大脑中想象这样的画面——你将状态报告编写好，然后收拾好包，戴上帽子，穿上外套，最后单击"发送"按钮，趁别人还没来得及看就关掉手机，夺门而出！

如果你计划得当、跟踪及时并如实汇报，那么相关方就不会为难你了。你有权去享受生活——我们将在第八章对此做更多的介绍。

名人名言

从他人的经验中学习是人类独有的能力，
但他们不愿这样做。

——道格拉斯·亚当斯（Douglas Adams）

项目经验教训总结

"项目经验教训总结"是一个糟糕的名字，几乎任何名字都比这个名字要好——"项目后审查""实施后审查"，军方称其为"行动后审查"，爱立信公司则称之为"改善机会"，还有人称之为"经验教训"或"做些不同寻常的事"。无论用哪个名称，关键是要从已完成的项目中学到一些东西，以便在做下一个项目时可以运用所学。

不得不说，我们的经验教训总结远远没有达到应有的程度。项目失败了，每个人只想忘记它。项目成功了，每个人都会感到兴奋，以至于想马上去做下一个项目，而将经验教训总结抛到脑后。

有时，即使做了经验教训总结，它们的命运也和那些枯燥的政府报告一样，没有人愿意仔细阅读。如果报告最终将被束之高阁，建议从未被采纳，那就最好不要做经验教训总结。接下来分两部分介绍此部分内容。第一部分介绍如何进行经验教训总结。第二部分介绍如何做一个"轻量化"的经验教训总结，即让你的总结：很可能做到；可以很快做到；建议很可能得到落实。

如何做

项目经验教训总结

1.告诉参与该项目的人，包括团队、客户、管理层和其他相关方，你正在进行经验教训总结以完善项目，并邀请他们一起参与。告诉他们你希望他们直言不讳，你会将所有意见收集起来，汇总成最终文件，然后将其发布。公司内部人员将获得完整的文件，外部人员将获得另一个版本，其中删除了公司的机密内容（该版本允许你将客户、分包商或其他外部组织囊括进来，但你仍然是最终决策者）。参与者是自愿的，也可以匿名参加。

2.给他们一些简单的指导。

3.用1~3页的篇幅就足够了。

4.实质上，你希望他们写一篇题为"你觉得怎么样"的文章，并希望他们在这个项目里讲出自己的故事。

5. 给出正面或负面评价；指出哪里做得好，哪里做得不好。

6. 要对团队其他成员有价值的经验或其他估算数据表现出特别的兴趣。

7. 要求他们列出在项目中获得的一、二、三条主要教训。

8. 给他们设定一个提交截止时间。

9. 同时，你要编写一份项目的客观报告。将自己限制在事实范围内，不要发表自己的意见。如果愿意，你也可以撰写一篇题为"你觉得怎么样"的文章，但要弄清楚两者之间的区别。确保你获得了估算数据和实际数据，哪些是你估算的数据，哪些是实际发生的事实，以便下次对估算进行改进。

10. 收集完所有材料后，将它们归纳在一起，生成组织内、组织外两个版本，然后发布这两个版本。

11. 将估算数据放入每个人都可以访问的中央数据库中。如果你的组织是有史以来第一次做这件事，那就意义非凡了——你构建的项目历史数据库刚刚诞生。

12. 确保团队成员做了经验教训总结。例如，改善了项目，或者进行了一项改进，或者实施了前三项建议。别让做经验教训总结成为"走过场"。

项目失败的12个最常见原因

在你的项目管理生涯中，你会遇到棘手的项目。如果你的工作是找出哪里出了问题，请首先检查以下几条，你很可能在这里找到答案。

1. 没有合理地定义项目目标。

2. 项目目标正确，但变更不受控制。

3. 并不是所有的项目相关方都可以被识别。

4. 已经识别了相关方，但未识别成功因素。

5. 没有合理的项目计划。

6. 项目没有得到正确的领导。

7. 项目计划合理，但没有按计划提供资源。

8. 项目计划中没有应急措施。

9. 项目参与者的期望未能得到有效管理。

10. 项目计划合理,但没有对计划进度进行适当的监督和控制。

11. 项目报告不充分或不存在。

12. 当项目陷入困境时，人们相信可以通过一些简单的行动来解决问题。例如，更加努力地工作，延长期限或增加更多的资源。当项目陷入困境时，项目需要重新规划。

如何做

"轻量化" 经验教训总结

如果你认为无法在项目中完成上述完整检查，那么请确保至少要做一个小检查。具体要做 3 件事。

- 记录实际数据和估算数据（如果你进行了跟踪，那么在项目结束的那一天，你就能掌握实际情况。换句话说，你不需要额外的努力就可以得到这些数据）。

- 列出在项目中做得很好的 1~3 件事，包括你开发的一些小技术、你想出的模型，或者你发现的一些真正起作用的知识。人们在做经验教训总结时，往往会将重点放在那些做得不好的事情上，事实上，那些做得好的事情更值得总结。我们常常无法意识到某些事情的重要性，因此无法将那些事情进行到底。因此，请务必仔细检查。一旦识别了一些有用的内容，就可以与同事分享。这种方式不仅对你自己有价值，还能改善整个组织的项目实施方法。

- 除了列出做得好的事情，还要列出做得不好的事情，列出 1~3 件。知道了哪些事情做得不好之后，下次你将如何改善？同样也把这些分享给同事。做这件事有点难——没有人喜欢承认错误，但同样，主动承认错误会给整个组织带来改善。

拯救项目

假如你被派去拯救一个项目，你需要知道以下内容。

当一个项目偏离轨道时，就要对其进行拯救。这个项目本来要从 A 处到 B 处，但实际上变成了从 A 处到 C 处，那么你要做的第一件事就是找出哪里出了问题。先对照项目失败最常见的 12 个原因检查一下。答案就摆在那里。使用第四章描述的成功概率指标，你就知道需要修改哪些地方。

考虑到这个项目原来要去往 B 处，你需要做一个计划：解决需要解决的问题，使项目回到目标上来。你知道如何制订计划——本书前 4 章介绍过，现在就开始吧。然后，你要按第五章介绍的方法，把新计划"卖"给相关方，这么一来，项目又重新运转起来了。

推荐阅读

▶ 4PM 是一家有许多项目经理参与的专业公司，在该公司网站上（www.4pm.com/articles）有一篇关于项目跟踪和报告的好文章。另一个网站上（www.projectperfect. com.au）也有关于这个主题的实用信息。

▶ 在 gantthead.com 网站注册用户，可以获取许多项目管理方面的信息，包括一个很不错的项目经验教训总结模板。

▶ 如果你想认真研究、跟踪大型项目，那么我推荐凯文·卡拉汉（Kevin R. Callahan）、加里·斯特茨（Gary R. Stetz）和林恩·布鲁克斯（Lynn M. Brooks）合著的《项目管理会计：预算、跟踪和报告成本及盈利能力》（*Project Management Accounting: Budgeting, Tracking and Reporting Costs and Profitability*）。

▶ 如果你需要了解项目跟踪挣值分析，那么昆汀·弗莱明（Quentin W. Fleming）和乔尔·科佩尔蒙（Joel M. Koppelman）合著的《挣值项目管理》（*Earned Value Project Management*）就是你的"圣经"。

▶ 克拉克·坎贝尔（Clark A. Campbell）著的《一页纸项目管理：只需一页纸就可做好任何项目》（*The*

One-page Project Manager: Communicate and Manage Any Project with a Single Sheet of Paper）中有关报告项目状态的内容也很出色。

▶ **画龙点睛**

在项目中，一周也是很长的时间，所以至少要每周跟踪一次项目并报告项目状态。

第七章

多项目管理

本章主要内容

▶ 项目管理的永恒法则

▶ 排序

▶ 定义多项目

▶ 管理多项目时遇到的问题

▶ 项目经理职业

▶ 优秀项目经理需要具备的能力

项目管理的永恒法则

现在，你已经知道如何管理项目了，下面向你介绍项目管理的永恒法则。这些法则已经提出一段时间了，基本上适用于大多数情况。尽管这些法则有些不近人情，但是对任何一个参与项目的人来说，都应该好好学习。

- **法则 1**：大型项目都不会按时交付，也不会在预算内完成。项目成员也一定会有变动。项目最终结果也不会和期望的完全一样。你不是第一个遇到这种情况的人（除非你完全按照前 6 章介绍的方法做项目）。

  推论 1：最后的收益一定比估计的少。当然，前提是你做了估计。

  推论 2：系统安装也会晚于预期，功能也会不达到预期。

  推论 3：项目会超预算，但在技术上还算成功。

- **法则 2**：项目目标模糊的一个好处就是可以避免估算成本时的尴尬。（除此之外，毫无益处。）

- **法则 3**：在纠正一个偏离轨道的项目上花费的努力会随着时间以几何倍数增长。

  推论 1：你拖得越久，事情就越难处理。

  推论 2：如果直到项目结束你才开始纠正，那就来不及了。

  推论 3：不管情况有多尴尬，都要马上处理。

- **法则 4**：对于你制定的项目目标说明，不同的人会有不同的理解。（所以记得让相关方签字。）

  推论 1：就算你解释得清清楚楚、毫无歧义，也会有人无法正确理解你的项目目标。

  推论 2：就算你做的事情每个人都同意了，也会有人不满意。

- **法则 5**：可以度量的收益才是真正的收益。无形收益是不可度量的，所以无形收益不是真正的收益。

  推论：你只有证明无形收益是真的，它们才算真的。

- **法则 6**：如果兼职员工可以高效地完成任务，说明他现在的任务量不足。（可得性低是项目的隐形杀手。）

  推论 1：如果上司不愿安排全职员工，那么你也不要这样做。

  推论 2：如果项目参与者有时间冲突，那么他们很可能完不成任务。

- **法则 7**：项目的技术要求越复杂，就越不应该让技术人员去管理。（越是技术复杂的项目，越应该由非技术人员来管理。因为项目经理管理的是整个项目，以及确保项目完成。技术人员可以快速解决工作中的问题并做出判断，而在管理上则需要帮助、指导和培训，这样才能管理好项目。）

  推论 1：选一个好的管理者，好的管理者能凝聚好的技术人员。

  推论 2：与推论 1 相反，好的技术人员往往不能凝聚好的管理者。

推论 3：通常来说，出色的技术人员往往都是糟糕的管理者。

- **法则 8**：一个规划糟糕的项目将花费原计划 4 倍的时间去完成，而一个规划严谨的项目可能只花费原计划 2 倍的时间去完成。（提前规划可以减少突发事件的发生。）

推论：就算做了万全准备，还是会遇到问题。

- **法则 9**：当项目进展顺利时，问题就会来了。

推论 1：没有最糟糕，只有更糟糕。

推论 2：当事情看上去有所好转时，那可能是因为你忽略了某些事情。

- **法则 10**：项目团队并不喜欢写每周进度报告，因为它只能证明项目没有进展。

- **法则 11**：如果项目很快完成了 90%，那么它将永远停留在 90% 的进度上。

- **法则 12**：如果项目可以随意变更，那么变更速度将超过项目进度。

- **法则 13**：如果用户不采用某个系统，开发人员将转而开发另一个系统。最后，两个系统都不会被采用。

- **法则 14**：只有在进行彻底的项目审计之后，你才能真正知道获得了多少收益。

推论：独立的项目审计将有效激励项目小组并形成一个良好的机制，确保项目进度准时和不超预算。

- **法则 15**：所有法则都是可以改变的。(从严格意义上说，上述内容大部分都不能被定义为法则，它们只是不断重复出现在项目中的现象而已。你要确保你的项目中不会出现这些现象。)

名人名言

项目管理就像三球杂耍，这三颗球就是时间、成本和质量。项目集管理就如同一群站在舞台上的杂耍演员，每个人都在抛耍时间、成本和质量三颗球，而且时不时还要互相换球。

——杰夫·赖斯（Geoff Reiss）

排序

在本章和第八章，你将学习如何排序。这里，我先给"排序"下个定义。很多人对这个术语多少有些困惑。

排序并不是说在 5 件重要的事中选 1 件去完成，也不是指在 19 件重要的事中选 2 件去执行，更不是指在 47 件重要的事中选 3 件去做。排序是指你在浏览工作清单时，问自己："如果我只能

选一件事去做，那么它到底是哪件？"然后被选中的那件事就成
为你的首个优先事项。接着，你对着清单中剩余的事再问自己同
样的问题，选出第二个优先事项，以此类推，选出第三个、第四
个优先事项,等等。注意,不能有两个并列的优先事项。也就是说，
与其他事相比，某件事要么不重要，要么更重要。

定义多项目

在讨论多项目时，你会听到一些术语，如"项目组合管理"
"项目集管理""项目办公室""项目集办公室"等。这些术语是
什么意思呢？如何将它们和前面介绍的内容联系在一起呢？

- 尽管人们对项目组合管理和项目集管理有很多不同的定义，
  但可以将项目集和项目组合看成一大群项目。
- 同样，项目集和项目组合只不过是个大项目而已。
- 另一个区分项目集管理和项目管理的定义是，项目集管理
  是指做正确的项目，项目管理则是把项目做正确。
- 项目办公室和项目集办公室都是为推进项目和项目集所设
  立的部门。其职能包括:编制项目文件;制定项目管理标准;
  给项目提供指导和支持；制定绩效指标和政策。

项目集、项目组合及多项目所涉及的问题并不取决于它们的

名称，而取决于它们的管理方式。下面是很多组织采用的管理项目的方式，看上去是不是似曾相识？

管理多项目时遇到的问题

新的一年将近，某组织制订了新一年的宏伟计划：利润增长15%，并采取措施降低成本。另外，还要尝试做些新的事情，如新的产品、服务和创意等。因此，该组织决定发起一系列项目、项目集和项目组合来实现目标。很多人手头上已经有日常工作，又被要求去做项目。

一段时间之后，一些项目进度开始落后了。大家开始延长工作时间以追赶进度。这个方法可能行得通，也可能行不通。要命的是，无论它是否可行，其他项目又蜂拥而至。由于新项目更重要或人手不足，于是大家丢下手头的项目去完成新项目。这样做可能会使重要项目重回正轨，但不可避免地，也会拖慢其他项目的进度。一年后，就变成下面这个样子了：

- 每个人的工作强度越来越大。
- 每个人都在不同的项目之间来回切换。
- 所有项目都要完成，压力变得越来越大。

最后，时间来到了年尾。一些项目完成了，另一些项目却没有完成。在这个组织中，该做哪些项目、不该做哪些项目并不取决于管理层，而取决于哪些项目遇到了麻烦、资源的配置方式，以及谁能最大化地投入精力，做得最多。靠的是天意？运气？你说对了。如果你想避免被这两个因素左右，就要掌握之前介绍的方法：

- 供需平衡。
- 做好计划。

这样运行组织的项目是可能的：

- 将管理者决策做哪些项目的权力收回。
- 项目成功完成。

下面将介绍如何做到这一点。

名人名言

当一个人像我一样具备特殊能力和权力时，在同时面对简单和复杂的解决方案时，他往往会选择复杂的那一个。

——夏洛克·福尔摩斯（Sherlock Holmes）

如何做

开　始

1. 设定一个时间段，如 3 个月、6 个月或 1 年。如果你是第一次做这件事情，那么将时间段设定为 1 年是比较可行的。

2. 为自己要完成的所有项目列一个清单。

3. 计算出每个项目所需的工作量或持续时间（运用第二章介绍的评估方法）。

4. 将所有工作量相加，得出组织在给定时间段内要完成的项目工作量总和。这就是需求。

5. 弄清楚在同一时段中有哪些人可以参与项目。列出这些人的名字。

6. 计算每个人在该时段能投入多少时间在项目上，考虑他们的其他工作或承诺（必要时可以用"舞蹈卡"来做这项工作）。

7. 把这些资源全都累加起来。这就是供给。

8. 如果供给大于或等于需求，那么你直接做就可以了。

9. 然而，这是很少发生的情况。实践中，需求通常都会超过供给。如果是这样，你就要按照前面介绍的方法对项目进行优先级排序。问自己一个问题：如果我只能做一个项目，那会是哪个？

被你选中的那个就成为第一个优先项目。现在对剩下的项目再问一遍同样的问题，被你选中的那个就是第二个优先项目。

10.在清单中削减项目，画一条供给正好等于需求的曲线。处于这条曲线以上位置的项目都能完成，处于这条曲线以下位置的项目都不能完成。重复一遍——处于这条曲线以下位置的一切项目都无法完成。它们之所以无法完成，是因为不能提供人员去满足这些需求。原因就这么简单！你做出再多的期盼也无济于事——哪怕你"只管去做"，或者用尽任何办法，都无法改变这个事实。

如何做

让项目持续进行

1.按照第一至第四章介绍的方法对项目进行规划，并按照第五章介绍的方法与相关方达成一致。

2.按照第六章介绍的方法执行、跟踪和报告项目。

3.如有一个新项目，不要急着启动它，而要在项目清单中对它进行排序，确定优先顺序，然后进行削减。

4.为了能够报告所有项目的状态，请按照以下方法对每个项目进行评分：

- 有计划并正在执行计划（绿色）=5分。

- 有计划，但有些偏离计划，正在采取纠正措施（黄色）=3 分。
- 没有书面计划（蓝色）=0 分。
- 项目偏离了轨道（红色）=-1 分。

把所有分数加起来然后除以项目总数，你会得到一个介于 -1 和 5 之间的数字。数字越接近 5，表明项目状况越好，数字越接近 -1，表明项目状况越差。

名人轶事

温斯顿·丘吉尔

在给团队树立愿景方面，很少有人能比第二次世界大战期间的英国首相温斯顿·丘吉尔（Winston Churchill）更有远见。1938 年，在战争爆发前，内维尔·张伯伦（Neville Chamberlain）试图对希特勒采取绥靖政策。丘吉尔在下议院对张伯伦说："你有在战争和耻辱之间进行选择的权力，你若选择了耻辱，那么就会带来战争。"

1940 年 5 月，当法国和另外一些国家被德军占领时，英国孤军奋战，对抗纳粹德国。虽然公众情绪和政治舆论支持与希特勒谈判，以达成和平协议，但丘吉尔认为，这种罪恶的政权不可能带来和平。于是，从 1940 年那些黑暗的日子起，丘吉尔团结并领导英国民众一直抗敌，最终取得了胜利。

清晰的愿景和纯粹的动机是成为优秀项目经理的两个关键条件。

项目经理职业

曾经有一段时期，走上项目管理事业发展道路是有章可循的。你进入了一些技术型行业，如建筑、信息技术或制药，在技术岗位工作了几年，成了某个团队的领导者，最终被提升为项目经理。通常，组织将你提升为项目经理是因为你不想继续从事技术工作并想获得更高的薪水，所以组织高层把你调到了管理岗位。如果幸运的话，他们会给你提供一些培训，尽管其中大多数课程并不是很好，然后你就被认为可以去做项目了。

有些人在这条路上走得十分坎坷；有些人天生就有这个才能，走得很成功；也有些人始终不得其法。人们总是面临一个几乎不可能完成任务的环境。

当时间来到 21 世纪的第二个十年，事情已经发生了很大变化。首先，几乎每个人都在开展项目。在慈善机构、体育组织、非营利组织、国有或半国有组织及私人企业中，人们被委派任务，并被告知"你将成为这个项目的项目经理"。

如果你遇到了这种情况，就要注意了。全世界的人似乎都有一种共识：每个人天生就知道如何去管理项目。这可能是真的——如果学校教授项目管理知识的话。世界上的每个孩子，从他们开始上学起就不得不去完成项目——即使他们从来没有尝试过计划、估算或执行一个项目。试想一下，如果学校把人培养成了工程师、科学家、宇航员，却从来没有教他们算术，会怎么样呢？所以说，项目管理者儿时从没有接受过基本的项目管理技能教育，这会导致他们成年后管理项目失败。

因此，要求项目经理靠本能去管理项目是不合常理的。当你某天发现自己成为一名项目经理后，你需要尽快地掌握相关方法。

好消息是，现在学习项目管理的途径很多。所以，如果你想担任项目经理的话，你几乎可以从你所在的任何地方开始学习。要想成为行业翘楚，你需要做到以下几点。

首先，你需要掌握项目管理原理。本书已经涵盖了大部分项目管理原理。本书前六章已经告诉了你如何成功地管理项目。

其次，你需要学会拒绝"不可能完成的任务"，也就是说，你需要学会使用第五章介绍的方法进行沟通。只有这样，你才能成为一名言而有信的项目经理。

最后，考取专业证书会很有帮助。如果你在一个会用到PRINCE2 证书的地方工作，你就要考取该证书。此外，你还可以考取 PMP 证书——项目管理专业人士资格认证，该证书由世界领先的项目经理组织——PMI 颁发。

做好了这 3 点，你就做好了在任何一个行业管理项目的准备。

优秀项目经理需要具备的能力

你的团队可能愿意跟随你赴汤蹈火。如果的确如此，说明你做得很出色，但这并不能证明你是一名优秀的项目经理。下面才是一名优秀的项目经理需要具备的能力（未做排序）。

- 以清晰和鼓舞人心的方式制定目标的能力——丘吉尔和林肯都拥有这种能力。
- 善于关注细节——魔鬼就隐藏在细节里。在估算和跟踪项目时，尤其需要关注细节。
- 善于沟通——不要忘了，项目成败与相关方是否满意有关。准确地识别每个相关方，了解他们想要什么，向他们做出可靠的承诺，阻止他们做出会损坏自身利益且难以兑现的承诺，确保他们始终参与到项目生命周期中。他们会因你所做的一切而感谢你。
- 关心并爱护你的团队成员。尤其不要让他们因为被要求完成不可能完成的任务和打疲劳战而把事情搞砸。

如果你具备上述 4 种能力，你就能在项目管理事业上迈出一大步。

推荐阅读

▶ Project Smart 网站有很多值得参考的管理多项目方面的资料。

▶ 英国政府商务办公室网站也有许多有关计划和项目的有用信息。

▶ 如果你想成立一个项目办公室，那么由莉亚·贾贾娜（Lia Tjahjana）、保罗·德威尔（Paul Dwyer）和莫辛·哈比卜（Mohsin Habib）合著的《项目管理办公室的优势》（*The Program Management Office Advantage*）一书会对你有所帮助。

▶ 特蕾西·基德（Tracy Kidder）著的《新机器的灵魂》（*The Soul of a New Machine*）一书讲述了一群工程师如何在一年内设计并开发出一台全新的 32 位微型计算机的故事。

▶ 画龙点睛

要有足够的供给来满足需求，要有人员来做所有的工作。确保你的项目能做到这些。

第八章

平衡工作和生活

本章主要内容

- ▶ 为什么要平衡工作和生活

- ▶ 为什么做好时间管理还不够

- ▶ 终极时间管理

- ▶ 平衡工作和生活的秘诀

为什么要平衡工作和生活

出于某些原因，许多人，尤其是老板和相关方，希望项目经理把所有的时间都用来工作。有时项目经理会把这看作工作中的正常要求。为了让员工更容易接受这一要求，管理层常常会说一些听上去很体面的口号："加班加点""流尽最后一滴汗"或"不破楼兰终不还"。

当然，这些要求都是不合适的。有很多证据证明，超长时间的"加班加点"是一个错误做法。

在继续探讨这个问题之前，我们要搞清楚，我们说的不是短期"赶工"，以赶在最后期限前解决客户问题，或者实现一个里程碑，而是长期、长时间加班（每天工作 10~16 小时）。

超时工作并不是一件好事。首先也是最重要的一点，与正常的每周工作 40 小时相比，超时工作效率会下降。这听起来像一个悖论，但如果你仔细想想，就会明白其中的道理。

例如，今晚 8 点你有一个甜蜜的约会。你会怎样安排你的一天？首先，你可能会计划在下午 5 点前离开办公室。对你来说，这是一个硬性时限，就像你要赶飞机或去托儿所接孩子一样。保守估计，你会在下午 4 点前完成所有工作。这样的话，如果有些"不速之客"在下午晚些时候因一些急事找你，你也有一小时的时间储备来处理。

你要仔细地规划你的一天，弄清楚什么是必须做的，这样你才能在下午 5 点前离开办公室。你会十分留意那些浪费你时间的人，并且不允许他们浪费太多时间从而影响你的约会。你将所有重要的事情都做好了，准备好在下午 5 点准时下班回家，梳洗打扮，盛装出席你的约会。

再举个反面例子。你每天从早上 8 点到晚上 8 点甚至更晚都在工作。你已经习以为常了，可以预见的是，接下来你还是这样的作息安排。不仅如此，周末或晚上的休息时间你也用来工作，身体得不到恢复。也许你吃不好、睡不好，或者很少甚至几乎不运动。而且你跟爱人见面的次数也不多。简单来说，你的生活变成了工作，想工作上的事情、把工作带回家，或者取消其他事情，一心工作。

现在，你会怎么度过你的一天？好吧，你会浪费时间。有些人想在工作期间和你聊聊天，你也会很高兴和他们聊很长时间。你会休息很久，或者在你的收件箱上浪费时间，或者做其他浪费时间的事情。这是因为你知道每天有大量的时间可以浪费，而且如果一件事情在今天没有完成，明天也会有同样的时间去完成。简而言之，效率被你抛到了脑后。

因此，从管理层的角度来讲，"加班加点"最大的缺点就是低效。加班的人很多，产出的结果却不多，至少他们还没有那些按时下班的人产出的成果多。

"加班加点"不好的原因还有很多，从你的角度来看，以下才是最重要的。

你备受折磨，包括精神和身体。我知道也听过很多这样的故事：有人因为过度工作而精神崩溃。如果你没有适当地锻炼身体，你的身体健康就会受到影响。记住，如果你的身体垮了，人生还有什么意义呢？

此外，你的人际关系也变得糟糕，包括你与妻子／丈夫、伙伴、女朋友／男朋友、孩子、父母和兄弟姐妹之间的关系。我知道一些人之所以婚姻关系破裂就是这个原因，或者（尤其是）男性成年人对他们孩子的童年缺乏应有的关心。

在 20 世纪 90 年代末和 21 世纪初的繁荣时期，工作与生活的平衡已经成为一个主要问题。尤其是自全球经济增速放缓以来，工作与生活的平衡问题变得更加严重。原因有二：（1）组织机构的规模缩小了，人们不得不"用更少的钱做更多的事"；（2）人们经常被告知："有工作是幸运的。"而且，人们几年前还在火热讨论的工作与生活平衡的问题，现在已经销声匿迹了。你很少听到人们提到这个话题。

现实情况是，明知超时工作有风险，我们还乐此不疲。是时候做些什么了。需要强调的是，你不应该只是改善这个问题，而应该彻底解决它。这个严重的问题需要对症下药才能治愈。如果你准备好寻找这剂良药，那就继续往下读。

名人名言

活在当下。

——塞内卡（Seneca）

玛丽·戴维斯

在 2003 年及此前几年，玛丽·戴维斯（Mary Davis）领导了策划和组织世界特殊奥林匹克运动会（以下简称"特奥会"）的团队。来自 150 多个国家和地区的 7 000 多名运动员、3 000 多名教练和裁判员参加了 21 个项目的比赛。他们被安排在爱尔兰南部和北部的 177 个社区。举办此次特奥会的费用大部分是通过筹款获得的。

玛丽·戴维斯领导了一个由 170 人组成的团队，加上远多于这个数字的志愿者团队。特奥会成为 2003 年最大的一场体育赛事。

表彰玛丽·戴维斯，实际上是表彰世界上所有默默无闻的项目管理人员，他们不但没有制造项目灾难，而且实现了项目的巨大成功。

为什么做好时间管理还不够

问题仅仅出在时间管理上吗？让自己读一本有关时间管理的书或参加培训课程，问题就会被解决吗？你可能确实这么做了，然后发现这么做还真有点用。

事实上，这么做并不能解决问题。因为有关时间管理的书籍或培训课程没有解决真正的问题，下面说说为什么。

先介绍一种思考或理解世界的方法。在任何一个时间段——今天、本周、本月、今年甚至你的一生，你都要做一大堆事情——工作、购物、修剪草坪……把这些事情想象成一堆物体，就像一堆砖块。现在把另一堆砖块放上去。这些都是在同一时间段内，你喜欢并且想做的事情，如你的爱好、和孩子或爱人出去游玩等。再把第三堆砖块放上去。这些都是你讨厌但无论如何都要去做的事情，如付账单、在机场排队和堵车等。最后，放上第四堆砖块。这些是你生来就想做的事情，如学画画、成为一名摇滚吉他手、环游世界，诸如此类。如果你不需要为生计而烦恼，你就会一直做这些事情。或者说如果你中了彩票，你就会做这些事情。现在，堆起来的这些砖块，就像一座高耸入云的砖塔。

现在来看第一堆砖块。这些事情都是在同一段时间内——今天、本周、本月、今年甚至你的一生——真正要做的事情。

对大多数人来说，第一堆砖块比第二堆砖块要高很多很多。这也许与你的雄心壮志有关，也许与你的年龄有关。例如，到了某个年纪，你开始意识到生命是有限的，如果你想有所成就，最好现在就开始去做。

参加时间管理课程或阅读时间管理方面的书籍对你有什么帮助？如果这门课程或这本书的内容还不错，就会给第二堆砖块带来影响。你会变得更有效率，可以有更多的时间去做这些事情。

但是，时间管理并不能解决第一堆砖块比第二堆砖块高很多的问题。它并没有解决真正的问题。它告诉人们可以解决问题，但事实上并没有。当然，并不是说时间管理没有用。它可以在某些方面教你把事情做好，但是它并没有解决你需要解决的问题。为此，你需要更多的"良药"来解决这个问题。

名人名言

相信自己的工作无比重要是导致神经衰弱的原因之一。

——伯兰特·罗素（Bertrand Russell）

终极时间管理

上述"病症"有药可医吗？实际上，当然有。办法非常简单，而且效果非常明显，但对大部分人来说很难实现。问题在于他们有太多事情要做，又没有时间做，而解决这个问题的方法就是你必须学会不做某些事情（注意，这又回到了老生常谈的供需关系问题）。如果你可以做到这一点，那么你就是在做正确的事情。所谓"正确的事情"，是指这4类事情：不得不做的、喜欢做的、讨厌做但又不得不做的和天生喜欢做的。

也许是第一次有人向你提出这样的建议。事实上，你想一想，从上学开始甚至更早，你就已经习惯了与之相反的方式——别人让你做什么，你就做什么。

想想你上学的第一天。有人给你一堆木块、橡皮泥或彩色书，然后告诉你用来做什么。作为一个好孩子，你当然做到了。你顺利地度过了小学和中学时光。期间有人给你布置任务、作业、项目和持续的评估。等你上了大学，你依然在重复同样的事情——学期论文、项目论文、学术演讲和学位论文。假如你在读大学时有份兼职工作，你依然在做别人让你做的事情。然后开始你的第一份"真正的"工作，你从中得到了什么？职位描述、工作目标和个人绩效，这些都是别人让你去做的事情。直到某天你发觉有人逼迫你做某事时，你可能才突然醒悟："我怎么把这些事情塞进我已经拥挤不堪的生活中了呢？"

如果你拥有了"不做某些事情"的能力，就像学习电脑、项目管理或主持会议的方法一样，你就不会深陷于自身的供需问题，而能解决这个问题。这是多么美好的事！因此，针对一些事情，你需要决定做还是不做。

平衡工作和生活的秘诀

想象这样一幅画面。你坐在椅子上，上身趴在桌子上。桌子位于一个巨大的筒仓或圆桶的底部。然后，各种人从筒仓或圆桶上方扔东西下来。让我们一起来看一下。

你的上司扔下来要求你做的工作。你团队的同事扔下来一堆杂事。其他部门也扔下来一些工作。你把做不完的工作搬到家里，你的妻子／丈夫、女朋友／男朋友、搭档、合租室友也给你扔活儿，你的家庭也给你扔活儿，你住的社区、政府给你扔活儿，其他任何人给都给你扔活儿，最后就连你自己也给自己扔了一堆活儿。所有的活儿像倾盆大雨般落在你身上，人们丝毫不在意你是不是已经累瘫在办公桌旁。

但也有可能是另一种情境。这次想象你的办公桌不是在筒仓或圆桶的底部，而是在漏斗的底部。漏斗中有 3 层过滤网。同样一些人将同样乱七八糟的活儿从漏斗顶部扔进来，但这一次它们被过滤网拦住了。一些杂事在遇到第一层过滤网时就被拦截下来了，仅有少部分事情穿过了。又有一些事情遇到第二层过滤网时被拦住了，更少一部分穿过了。到了第三层过滤网，仅剩那些可以被安排的事情了。这次你不需要累瘫在办公桌旁了。你挺直了腰杆，满面春风，因为现在的你如获新生。你现在要做的事情就是正确的事情。想象一下，在这种环境下你觉得自己有多畅快。

接下来要做的事情就是弄清楚有哪些过滤网，然后运用它们。这也是接下来要介绍的内容。

第一层过滤网：学会礼貌地说"不"的技能

你必须学习和反复练习礼貌地说"不"。这里介绍一些入门小诀窍。

1. 当有人找你（想让你为他们做事）时，你要专注地盯住屏幕或拿起一本书紧盯不放，就好像你在看爱因斯坦的《广义相对论》一样。尽可能在那人开口之前就说："看，我现在真的很忙，能不能过一小时后再来找我？"几乎每个人都会尊重你的这个说法。我相信没有人会执意冒犯你。你猜怎么着？大部分情况下，这些人就不会再来找你了。如果他们不来，那真是太好了，因为你就少了一件扔进漏斗里的麻烦事。有时，他们还会来，而且肯定是有更多的事想找你（我们把这些人称为"持续打扰者"）。

2."我不必为你的计划不周买单"，把这句话挂在你的门外或房间里。如果在你正准备下班或回家过周末时，有人来麻烦你做事，你大可和他说："你知道处理这件事要多久吗？"他们肯定会不假思索地告诉你一个答案，却没有意识到这是个很复杂的问题。然后你就可以说："真是不好意思，我得走了。"或者，"这次我帮你，下不为例。"无论你用哪种方法，他们都不会有下次了。

3.你也可以说："我不能因为私人原因为你做这样的事。"当女性对男性这样说的时候尤为奏效。

4.实行"红、绿时间段"。该做法就是把你的时间分为红色时间段（这段时间你不能被打扰或打断）和绿色时间段（这段时间你可以接受他人的打扰或打断）。然后你可以自行划分时间段。例如，上午10—12点、下午2—4点是红色时间段。假如有人在上午9：59找你，那么你可以安排时间或做出承诺，但如果有人在10：00找你，你就得要求他们12点之后再来找你。

5.玩失踪。坐在别人的办公椅上，躲在会议室不出来，去另一栋楼，在自助食堂或快餐店工作，在附近的咖啡厅或直接待在家里工作。总之，任何能减少发生乱七八糟事情的地方都是好地方。

6.当有人要求你做事的时候，你可以说："我很愿意做这件事，但我做不了。"显然，这种方式肯定不如直接一口回绝好，但是它至少能避免你漏斗里乱七八糟的事情越堆越高。

7. 对于"帮忙买张票呗""你能帮我写一封邮件吗"这样的要求，请一口回绝。想一想，曾经有多少次，你眼睁睁看着有些人明明能自己马上解决问题，却非要浪费你的时间？让他们浪费他们自己的时间去吧。注意像这种帮忙买张票或写封邮件的事情，前台人员都可以帮忙。这些事大部分时候根本不需要打扰别人，他们自己一眨眼工夫就能弄完。

8. 你可以说："我现在没空看这个。"

9. 你还可以说："也许查理是更合适的人选。"

10. 就像第五章教你的那样，要对不可能完成的任务说"不"。这可以帮你从源头上堵住问题。

11. 对于别人让你今天做的事情，坚决不要说"好的""一定完成"，而要问"能不能明天做"，多问几次最后期限。你肯定经历过当你竭尽全力去做某件事时，人家却说"不着急，下周才交"。

12. 只需说："不，谢谢。"这是礼貌地说"不"的最简单的方法。

以上只是一部分方法。如果让你想出另外 10 种礼貌地说"不"的方法，其中 5 种用在工作中，5 种用在家庭琐事中，你不用 10 分钟就能想到。礼貌地说"不"的方法在处理生活琐事时同样行得通。

但也并不是所有方法在所有场景适用于所有人。人的性格各不相同。关键是你得有把握在礼貌地回绝对方的同时又不伤害你和对方的关系。礼貌地说"不"也是你做正确的事情所必须学习的第一项基本技能。如果无法掌握这个技能，那剩下的技能对你来说就都无法奏效了。

当你"学习"了如何礼貌地说"不"之后，该如何实际操作呢？

礼貌地说"不"

1. 想出 10 种礼貌地说"不"的办法，5 种用在家里，5 种用在工作中。

2. 现在，你至少列出了 20 种说"不"的方法。

3. 试试这些方法。试着在一整天里都对别人的请求说"不"，半天也行。（你的红、绿时间段也得派上用场。）如果你觉得有点过了，那就先花一小时，然后两小时，再加到半天，最后加到一整天。练习这项技能——因为它只是一项技能而已。你要掌握这项技能。你可以把它当作一种游戏，如每隔一秒就礼貌地说"不"。

4. 鼓励自己学会礼貌地说"不"。如果你在周一、周三或周五都礼貌地拒绝了别人，那就要奖励自己。

5. 最后，你就会非常擅长说"不"，当某人要求你做事的时候，你的直觉反应从"我怎样才能把这事塞进我本就拥挤不堪的生活"变成了"我应该怎样摆脱这麻烦事儿"。

名人名言

在某些时候，忙碌并不意味着在工作。所有工作的目标都是产出或绩效。这两者中任何一个的实现都有赖于事先思考、系统、规划、情报、真实意图和付出。看上去在做事并不等于真正在做事。

——托马斯·爱迪生（Thomas Edison）

第二层过滤网：学会和练习排序方法

显然，你不能也不想对全部事情都说"不"。在四象限法中，有些事情是你必须完成的，其中有你非常想做的事情。如何判断你需要做哪些事情，就是第二层过滤网所涵盖的内容了。

在解释排序之前，回忆一下什么是排序（参阅第七章）。排序是指"如果我只能完成一件事情，那么这件事情会是什么"。利用"我只能做一件事"的方法对工作清单进行排序，就可以在供求不相上下的情况下对清单进行删减。对于留存在清单上的每件事情，你需要付诸时间、精力、承诺，并提供你力所能及的一切。而对于那些从清单上划掉的事情，你要礼貌地说"不"，无视它们，忘记它们。

对于这一切，还有另一种思考方式。有些事情极其重要，另一些事情并没有那么重要。因此，如果你能够确定真正重要的事情——无论在工作中还是生活中，那么很多事情就会成为无关紧要的事情，这就是排序方法。你需要练习这一方法，确保学会它。下面介绍如何做到这一点。

名人名言

大多数人过着平静而又绝望的生活，最终伴随着哀乐走进坟墓。

——亨利·大卫·梭罗（Henry David Thoreau）

如何做

排　序

1. 像第三章介绍的那样，做一张"舞蹈卡"。（你可以用同样的方法为你的私人生活制作"舞蹈卡"。）

2. 用"如果我只能做一件事"的方法对清单进行排序。

3. 把清单上的内容按照紧急程度和重要性进行分类——确定什么事情是至关重要的。

4. 在确定你的上司或其他相关方对这个清单安排毫无异议后，你就可以大展身手了。

5. 确保那些你认为极其重要的事情清晰、明确（参阅第一章）。你认为极其重要的事情（目标）必须清清楚楚，从而使所有人对"目标已经实现"这件事毫不质疑。大部分人把目标定为"让客户满意"，或者"按时完成项目"，或者"为毛茸茸的小动物创造更美好的世界"。这样并不好。如第一章所述，你的目标必须达到 SMART 标准（具体的、可衡量的、可实现的、现实的和有时限的）。和你的上司谈谈，然后开始这样的对话："老板，在年底的时候，怎样才能让你知道我的工作是否出色呢？"所有的目标都要达到 SMART 标准。有些目标，如销售目标，是很容易达到 SMART 标准的，而其他目标则需要花更多的时间去梳理，但也是可以做到的。

6. 明了什么是非常重要的及什么是无关紧要的之后，就好好做吧。也就是说，既然某些事情是非常重要的，那就竭尽所能去实现它。既然有些事情是无关紧要的，那就大可不必在乎，礼貌地说"不"。

7. 做好准备，继续检查一些事情是否真的那么重要。打个比方，如果你要去参加一场常规会议，你不确定自己是否有必要参加，那么试着不去，看看会发生什么。你可以告诉对方你不能参加这周的会议，因为还有更重要的事情等着处理。或者询问对方你是否可以第一个完成会议任务，然后离开。或者说"如果有任何需要我的地方，你就给我打电话吧"。

如果你病了，或者实在去不了，会议还能继续吗？可能不开了，也可能关系不大，又或者会议照常举行。但是，无论什么时候都要随时做好检查事情重要性的准备。

第三层过滤网：学会和练习规划技能

最后，对于那些必须做的事情，你要确保用最少的力气和精力去完成它们。当然，你已经知道该怎么做了，因为你明白按照计划一点一点地推进，好过面对一大堆"灭火"工作。

总而言之，你知道漏斗和过滤网是怎么起作用的。有些事情是根本无法完成的。无论在工作中还是生活中，只做与你的目标一致的事情。完成那些必须完成的事情，并且用最少的精力。

那么，你该怎么做计划呢？——去本书的前 5 章找方法吧！

推荐阅读

▶ "时间管理指南"（www.time-management-guide.com）和 "时间思维"（www.timethoughts.com）都包含有关时间管理的实用信息。

▶ 如果你坚持接下棘手的任务，那么你可以在爱德华·尤登（Edward Yourdon）的《死亡之旅》（*Death March*）一书中找到一些有用的方法，但最好不要接下这些任务。

▶ 如果你正在找一本关于时间管理的书，戴维·艾伦（David Allen）的《尽管去做》（*Getting Things Done*）对刚开始学习的人来说是个不错的选择。

▶ 汤姆·迪马可（Tom DeMarco）著的《别让员工瞎忙》（*Slack: Getting Past Burn-out, Busywork, and the Myth of Total Efficiency*）一书中有很多妙语警句，会给你带来很多启发。

▶ 画龙点睛

只有在工作和生活中掌握了说"不"的技巧，你才能做到工作、生活两不误。